El Negro y la Negra Libres

Puerto Rico 1800-1873

Su Presencia y Contribución a la Identidad Puertorriqueña

María D. González García, PHD

MGG EDITORIAL

MARÍA D. GONZÁLEZ GARCÍA, PHD

Se hallan reservados todos los derechos. Sin autorización escrita del Autor / Editor, queda prohibida la reproducción total o parcial de esta obra por cualquier medio, mecánico, electrónico u otro, y su distribución mediante alquiler o préstamos públicos.

ISBN-13: 978-1514377116

ISBN-10: 151437711X

Historia / Ciencias Sociales/ África y el Caribe

El Negro y la Negra Libres

Puerto Rico 1800-1873

Su Presencia y Contribución a la Identidad Puertorriqueña

Primera Edición – 2014

María D. González García

Foto de la autora: Cortesía Grace Caraballo

Editor Ejecutivo – M. Pérez-Cotto

Portada – PublicaTuLibro.net

Fotos Portada:

—*Our Islands and Their People, Vol.1,* José de Olivares and Joseph Wheeler; St. Louis, Missouri: Thompson Publishing Company, 1899

—Colección Lydia M. González

Copyright©2014—María D. González García

mgg.editorial@gmail.com

San Juan, Puerto Rico

CONTENIDO

¡Síguenos! IX
Dedicatoria X
Agradecimientos 11
Prólogo 13
Introducción 25
Libertad y Esclavitud 35
    Libertad 35
    Esclavitud 40
    Origen de la Esclavitud 43
    La Esclavitud en África 45
    Presencia portuguesa del siglo XV 46
    Servidumbre y esclavitud en la Península Ibérica 48
    Título 21: De los siervos II 50
    Orígenes del Hombre y África 53
    Creación de la negritud 56
    Negros Libres en España 60
    El Liberto en América 62
    Esclavos en el Nuevo Mundo 63
El Negro y su Liberación en el Nuevo Mundo 67
    Presencia del negro libre 71
    El mestizaje y mulataje 77
    Castas en la Nueva España 80
    Mulatos libres en Puerto Rico 81
    El negro cimarrón y su liberación 83
    Compra o manumisión 85
    Ley Moret 91

La Libertad Negra en los Censos del Siglo XIX 95
    Censo 1765 100
    Censo 1776 102
    Censo 1800-1815 105
    Cambios económicos 106
    Censo 1820-1830 108
    Censo 1846 110
    Censo 1860 111
    El Cólera y su Censo 113
    Uso de censos urbanos 115
    Cangrejos 123
    Algunas conclusiones 145

Propiedad y Trabajo 151
    Leyes y órdenes sobre la posesión de la Tierra 151
    Constitución de 1812 157
    Real Cédula de Gracias 1815 158
    Negros Libres Propietarios 160
    El trabajo y los negros libres 162
    El Reglamento de Jornalero de 1849 164
    El Trabajo A Jornal en Haciendas 166
    Agregados Libres 168
    El Trabajo A Jornal 170
    Jornaleros Libres de Ciudad 172
    Ocupaciones Artesanales 175
    El negro libre y las milicias 178
    Situación Política 180

El Negro y la Negra Libres en la Sociedad Decimonónica 183
    Cangrejos y la libertad 186
    Inmigrantes negros y mulatos libres 188
    En la educación 190

Los próceres mulatos 198
  El negro en la cultura general de la Isla... 206
Conclusiones 213
Bibliografía 221
Editorial 238

TABLAS

Tabla I. Censo 1765 101
Tabla 2. Censo de 1776 103
Tabla 3: Censos 1782 - 1790 104
Tabla 4. Censos 1800-181 105
Tabla 5. Censo 1866 108
Tabla 6: Censo 1820-1830 109
Tabla 7. Censo de 1846 110
Tabla 8. Censo de 1860 112
Tabla 9. Censo de 1860 por género 113
Tabla 10. Censo del cólera... 114
Tabla 11. San Juan 116
Tabla 12. Coamo... 116
Tabla 13. Trujillo Bajo 117
Tabla 14. Añasco 118
Tabla 15. Río Piedras 118
Tabla 16. Guaynabo 119
Tabla 17. Loíza 119
Tabla 18. San Germán 120
Tabla 19. Guayama 120
Tabla 20. Utuado 121
Tabla 21. San Sebastián 121

Tabla 22. Ponce..122
Tabla 23. Yauco..123
Tabla 24. Cangrejos 124
Tabla 25. Mayagüez 124
Tabla 26. Rincón...125
Tabla 27. Cabo Rojo 125
Tabla 28. Moca 126
Tabla 29. Fajardo 126
Tabla 30. Cayey..127
Tabla 31. Vega Alta..127
Tabla 32. Caguas 128
Tabla 33. Vega Baja 129
Tabla 34. Aguadilla 129
Tabla 35. Aguada...130
Tabla 36. Arecibo...130
Tabla 37. Peñuelas 131
Tabla 38. Humacao 131
Tabla 39. Yabucoa 132
Tabla 40. Naguabo 132
Tabla 41. Corozal 133
Tabla 42. Juncos..133
Tabla 43. Luquillo 134
Tabla 44. Juana Díaz 134
Tabla 45. Maunabo 135
Tabla 46. Trujillo Alto 135
Tabla 47. Las Piedras 136
Tabla 48. Barranquitas...136
Tabla 49. Camuy..137

Tabla 50. Quebradillas 137
Tabla 51. Cidra 138
Tabla 52. Adjuntas 138
Tabla 53. Patillas 138
Tabla 54. Isabela 139
Tabla 55. Aibonito 139
Tabla 56. Hatillo 140
Tabla 57. Carolina 141
Tabla 58. San Juan 142
Tabla 59. Trujillo Alto 142
Tabla 60. Cangrejos 143
Tabla 61. Río Grande 143
Tabla 62. Luquillo 143
Tabla 63. Fajardo 144
Tabla 64. Loíza 144
Tabla 65. Guayama 145
Tabla 66. Jornaleros 163
Tabla 67. Profesiones y Oficios 176

FOTOS/ILUSTRACIONES

Esclavitud (Álbum Lydia Milagros González.) 43

Evolución (http://www.discovery.com/tv-shows/curiosity/topics/human-evolution/) 53

Mestizaje (http://es.wikipedia.org/wiki/Mestizaje) 77

Abolición de la esclavitud (Revista Instituto de Cultura Puertorriqueña oct.-dic.1965.) 93

Familias mixtas (*Our Islands and Their People, Vol.1,* José de Olivares, Joseph Wheeler, St. Louis, Missouri: Thompson Publishing Company, 1899) 97

Junta de Terrenos Baldios (Álbum Lydia Milagros González.) 152

Libreta de jornalero (Álbum Lydia Milagros González.) 163

Altas y bajas de jornaleros (AGPR Foto 20141102- 130853) 170

Artesanos y sombreros (*Our Islands and Their People, Vol.1,* José de Olivares, Joseph Wheeler, St. Louis, Missouri: Thompson Publishing Company, 1899) 172

Listado de las Milicias (AGPR- Capitanía General de Loíza, listado de negros libres en las milicias.) 179

Víctor Rojas (Colecciones Puertorriqueñas Cesáreo Rosa Nieves y Esther M Melón, Editorial Caribe Grolier, México 1986.)...................180

Los Lanause y los Godreau (Cortesía de Lydia E. Rivera González.)....189

Central Azucarera de Aguirre (Cortesía de Lydia E. Rivera González.) 190

Maestros (Libro Maestro Rafael Cordero, Autor Jack & Irene Delano, Editorial Universidad de Puerto Rico, Río Piedras, 1994. / Literatura Puertorriqueña Negra del Siglo XIX, Roberto Ramos Perea, Ateneo Puertorriqueño, Editorial LEA, San Juan, 2009) 193

Próceres Mulatos (Colecciones Puertorriqueñas de Cesáreo Rosa Nieves y Esther M. Melón. Editorial Caribe Grolier. Inc., México.)................199

Mulatas bailando (Cortesía Rubén Santos Pintor.) 207

¡Síguenos!

¡Síguenos en Facebook!

facebook.com/Dra-María-D-González-Historiadora

¡Síguenos en Twitter!

twitter.com/MGG_Editorial

A Dios Padre Celestial

En memoria póstuma a mis padres

A mis dos amores:

mi hijo Waldemar y mi nietecito L'amarie.

A mi director Marcial E. Ocasio Meléndez, Ph.D.

.

AGRADECIMIENTOS

Al Dr. Marcial E. Ocasio Meléndez, PHD, Catedrático de Historia, Universidad de Puerto Rico, Río Piedras, por su magistral dirección de mi trabajo de investigación y sus ilustres consejos.

Al Dr. Ignacio Olazagasti, por su apoyo inicial a la entrada del Programa Doctoral y como lector de mi tesis.

Al Dr. Jorge J. Ruscalleda, lector principal de tesis y sus buenas recomendaciones.

Al Dr. Don Ricardo E. Alegría, por la defensa a las raíces de la cultura africana y la puertorriqueñidad.

A Dr. Giuseppe Pandolfi de Rinaldis, Catedrático, Facultad de Educación, Universidad de Puerto Rico. Por su apoyo y presencia en la defensa de mi tesis.

A Dra. Tauny Cano Guerrero, Profesora de Educación Universidad del Turabo.

A Dr. Luis Díaz Capó, y su esposa Carmen Rivera, por su comparecencia y apoyo en la defensa de mi tesis.

Al Dr. Sued Jalil Badillo, Catedrático de historia en la Universidad de Puerto Rico por su apoyo a mi propuesta de tesis y recomendaciones y sugerencias de los libros para la investigación.

Al Dr. Cesar Solá, Catedrático de historia, Universidad de Puerto Rico, por su recomendaciones y sugerencias acerca de libros para mi tema de investigación.

Al Dr. Francisco Escarano, Catedrático de historia, Universidad de Wisconsin-Madison y su amabilidad en enviarme el listado de libros relacionados a mi investigación, entre ellos: "Jay Kinsbruner – Caste and

Capitalism in the Caribbean", "Not of Pure Blood", "Dungy, Kathryn Renée – A Fusion of the Races"

Al Sr. Francis J. Mojica, Bibliotecario CEA, así como a Jazmín Castillo, asistente auxiliar de biblioteca, por su dedicación para ayudarme en la localización de textos de la investigación.

A la Sra. Lillian Oliver, Oficial Asistencia Económica, por la ayuda brindada a través de su oficina.

Al Sr. Pedro Roig, Archivero II, Archivo General de Puerto Rico, por su colaboración en la búsqueda de documentos como parte de los trabajos investigativos.

Al Sr. José Charon, Auxiliar de Archivo, Archivo General de Puerto Rico, agradecida por toda su ayuda.

Al Sr. Andino, Iglesia Jesucristo de los Últimos Días de Trujillo Alto, por toda la ayuda brindada en la búsqueda de los registros parroquiales mediante el sistema microfilms.

A la Sra. Luz E. Figueroa y su esposo Tommy, por su colaboración académica.

A mi madrina Monsita, por siempre tener una palabra de aliento y fortaleza durante el proceso de investigación.

A mi sobrina Angélica, por su tiempo y dedicación en la ayuda técnica.

A mí querida sobrina Leonor por su Apoyo en el logro de la defensa de la tesis.

A mi querida hermana Blanca por su comparecencia y apoyo en la defensa de mi tesis, dios te bendiga.

A mi querida amiga Grace Caraballo, Secretaria, por su colaboración en el proceso técnico y la organización de este proyecto.

Dra. María D. González García, PHD
Historiadora

PRÓLOGO

María D. González García, PhD

Este estudio es producto de años de búsqueda en el Archivo General de Puerto Rico, en los archivos parroquiales, en numerosas fuentes escritas secundarias y en numerosas entrevistas en barrios y pueblos de la Isla.

PRÓLOGO

"Servidumbre es postura e establecimiento que fizieron antiguamente las gentes, por la qual los omes que eran naturalmente libres se fazen siervos e se meten a señorío de otro, contra razón de natura."

Partida IV, Título XXI, ley I del rey Alfonso X el Sabio (1252-1284)[1]

Alfonso el Sabio, rey castellano del siglo XIII, así expresó su percepción de la servidumbre o esclavitud en su temprano código de leyes hecho para su reino. Enfatiza en su definición que la servidumbre es "contra razón de natura" o una situación que no es natural, va contra la humanidad. En ese documento establece además, las formas de perder la libertad y de cómo recobrarla. La posición y directriz real se refieren a una institución y actividad cotidiana de su época, la servidumbre, común a la península y otras partes de Europa durante la Baja Edad Media. Una declaración real que está envuelta en el ropaje de las leyes las que siempre son un reflejo histórico de la condición social del mundo que se trata de ordenar con ellas.

La esclavitud era institución social desde la era romana. Como servidumbre fue elemento social importante a medida que el Imperio Romano se desmoronaba ante las invasiones bárbaras y durante la

---

[1] *Las Siete Partidas del Sabio Rey Alonso el nono, nuevamente glosadas por el Licenciado Gregorio López del Consejo Real de Indias. Impreso en Salamanca por Andrés de Portonave, impresor de su Majestad, Año MDLV.* Madrid, 1974

Alta Edad Media. En el caso de la Península Ibérica, adquirió importancia desde el comienzo de la Reconquista. Su presencia continuó por toda Europa durante la Baja Edad Media adquiriendo mayor fuerza en el siglo XV, luego que los portugueses alcanzaron las costas africanas y comenzaron un lucrativo negocio con el tráfico de esclavos. Las ciudades de Lisboa y Sevilla[2] se convirtieron en centros de trata de esclavos africanos y donde surgieron muchos libertos, al punto que varios estudios señalan la alta porción de la población de ambas ciudades que era negra y mulata a finales del siglo XV diciendo que alcanzaba la mitad o más de sus habitantes.[3]

La poderosa ciudad mercantil de Génova también fue un importante centro esclavista en la Península Italiana. De manera que no resulta extraño el intento de Cristóbal Colón de esclavizar a los indígenas que conoció en las Antillas siendo él un nativo genovés e hijo de un comerciante de lanas de esa ciudad.[4] La propuesta colombina fue rechazada inmediatamente por la reina Isabel, quien concedió la libertad incondicional a los indígenas. Libertad, sin embargo, que fue limitada por los intereses de los conquistadores que buscaban hacer fortuna en minas o trabajos, y por los sucesivos monarcas castellanos interesados en el lucro futuro del trabajo producido en minas y tierras.

---

[2] Sevilla, bajo poder castellano, conocía de la esclavitud bajo el poder arábigo-moro, y continuó siendo un importante centro de trata africana importando esclavos de Portugal y desde las Islas Canarias.

[3] Alfonso Franco Silva, *La esclavitud en Sevilla a fines de la Edad Media, 1470-1525*. Sevilla: Escuela de Estudios Hispanoamericanos, Universidad de Sevilla, 1979. Para una historia de la esclavitud en España ver a William D. Phillips, *Historia de la esclavitud en España*, Madrid: 1980.

[4] Charles Verlinden, *L'Esclavage dans l'Europe Medievale*. Tomo I. *Peninsule Iberique*. Bruges, 1955

Antonio Domínguez Ortiz, historiador español de la esclavitud, explica que en las teorías que justificaban la esclavitud regía el influjo de Aristóteles que estableció una servidumbre natural nacida de dos categorías de hombres: aquellos que nacen para servir y aquellos que son forzados a servir, principalmente como prisioneros de guerra. "Por otro lado, algunos pasajes bíblicos, la literatura patrística y escolástica, especialmente Santo Tomás, constituían otras fuentes que apoyaban la existencia de la esclavitud."[5] Estas fueron razones poderosas para que pocos se atrevieran a enfrentarse a la institución, excepto en Castilla, (luego España,) donde las Partidas de Alfonso el Sabio la regularon. Esas Partidas o leyes tienen disposiciones referentes a la esclavitud donde se muestra la influencia cristiana y la humanización de las costumbres como son: proteger al esclavo contra el abuso de los dueños, el derecho a contraer matrimonio o la posibilidad de conseguir la libertad.[6] Estas disposiciones pasaron a las Américas y en la práctica todavía se acudía a las Partidas en el siglo XVIII como la fuente legal para dilucidar casos sobre esclavos en lo relativo a la libertad para casarse o para comprarse.[7] Se puede inferir que esas disposiciones continuaron vigentes como leyes de Indias hasta el final del período español en las Américas. "España tuvo un énfasis en la humanidad y los derechos de los esclavos y la actitud indulgente hacia la

---

[5]. Antonio Domínguez Ortiz, "La esclavitud en Castilla durante la Edad Media" en Estudios de Historia Social de España. Madrid, 1952, pp 369-428. Manuel Lucena Salmoral, *Los códigos negros de la América Española*. Madrid: Alcalá de Henares, 1996.

[6] *Las Siete Partidas*, Partida IV, Título XXI, Ley VI; Partida IV, Título V; Partida IV, Titulo XXII.

[7] Manuel Lucena Salmoral, *Los códigos negros de la América Española*. Madrid: Alcalá de Henares, 1996.

manumisión reconocida en los códigos de esclavos y los usos sociales españoles que hacían posible la existencia de una significativa clase negra libre.[8]

La historiografía del negro en América gira principalmente sobre los africanos que fueron forzados a venir como esclavos desde el 1517 en adelante. Sin embargo, algunos investigadores han examinado tanto a los negros conquistadores, que arribaron a las Indias junto a los conquistadores castellanos y que jugaron un rol similar en la Conquista del Nuevo Mundo americano y también a los negros libres, fuesen por liberación personal como los cimarrones o aquellos que lograron su libertad bajo las premisas de servidumbre del estado español. De importancia particular es lo ocurrido en Puerto Rico bajo la gobernación de Juan Pérez de Guzmán (1660-1664) cuando aceptó recibir en la Isla a un grupo de esclavos escapados de Santa Cruz y les dio libertad y lugar para procurar sus alimentos y vivencia extramuros de la Capital. De acuerdo a David M. Stark, esa acción del gobernador generó la política española de apertura a esclavos de territorios vecinos a las tierras españolas y bajo el control de naciones enemigas de España. Una vez asilados se les concedía la libertad, especialmente en la Isla de Puerto Rico.[9]

---

[8] Jane Flanders, *New History of Florida*. Gainesville; University Press of Florida, 1996, p.12. También *Black Society in Spanish Florida,* Chicago: University of Illinois Press, 1999.

[9] David M. Stark, "Rescued from their invisibility: the Afro-Puerto Ricans of Seventeenth and Eighteenth Century in San Mateo de Cangrejos, Puerto Rico." *The Americas,* 63:4 (2007): 551-586. Sobre este tema examinar: Jorge L. Chinea, " A Quest for Freedom: The Immigration of Maritime Maroons into Puerto Rico, 1636-1800" *Journal of Caribbean History* 31:1-2 (1997): 51-87; Chinea, "Fissures in El Primer Piso: Racial

Ricardo Alegría nos habla de Juan Garrido, quien llegó a Puerto Rico junto a Juan Ponce de León en 1508, le acompañó en su viaje a la Florida en 1513 y luego viajo junto a Hernán Cortés en 1519 a la conquista del Imperio Tenochca o Azteca.[10] En el viaje a Florida, Juan Ponce de León fue acompañado por otro negro libre, Juan González, luego asesinado junto a la cacica Yuisa, por los indios de su yucayeque. Leslie P. Rout, Jr. Incluyó a varios otros negros libres en su importante estudio del negro en la América Hispana.[11] Otros historiadores que recientemente han tratado el tema son David W. Cohen y Jack P. Greene, Jane Flanders, David M. Stark y John Thornton.[12]

La historiografía puertorriqueña ha seguido el modelo establecido por otros países del Caribe, donde la esclavitud fue esencial para el desarrollo económico y el trabajo. En esta literatura se les da un

---

Politics in Spanish Colonial Puerto Rico during its Pre-Plantation Era, c. 1700-1800" *Caribbean Studies* 30: 1-2 (Jan-Jun 2002): pp 169-204; Chinea, "Race, Colonial Exploitation and West Indian Migration in Nineteenth Century Puerto Rico, 1800-1850" *The Americas* 52:4 (April 1996):495-519; Chinea, *Race and Labor in the Hispanic Caribbean*, Gainesville: The University Press of Florida, 2005. Sobre la idea del santuario español para los esclavos escapados ver: John J. Tepaske, "The Fugitive Slave: Intercolonial Rivalry and Spanish Slave Policy, 1687-1764" pp. 1-12, en Samuel Proctor (Ed.) *Eighteenth Century Florida and Its Borderlands*, Gainesville: The University of Florida Press, 1975; Jane Landers, "'Gracia Real de Santa Teresa de Mose' A Free Black Town in Spanish Colonial Florida," *American Historical Review* 95:1 (February 1990): 9-30; Landers, "Cimarron Ethnicity and Cultural Adaptation in the Spanish Dominions of the Circum-Caribbean" pp. 29-53, en Paul E. Lovejoy (Ed.) *Identity in the Shadow of Slavery*, London: Continuum, 2000.

[10] Ricardo Alegría, *Juan Garrido, el Conquistador Negro de las Antillas, Florida, México y Centroamérica.* San Juan: Centro de Estudios Avanzados de Puerto Rico y el Caribe, 2004.

[11] Leslie P. Rout, Jr. *The African Experience in Spanish America, 1502 to the Present Day.* London: Oxford University Press, 1976.

[12] David W. Cohen y Jack P. Greene (Eds.) *Neither Slave nor Free: The Freedmen of African Descent in The Slave Societies of the New World*, Baltimore: The Johns Hopkins University Press, 1972; Jane Flanders (Ed.) *Free Blacks in the Slave Societies of the Americas* (London: Oxford University Press, 1996; John Thornton, *Africa and Africans in the Making of the Atlantic World, 1400-1680* (Cambridge: Cambridge University Press, 1992

enorme énfasis a los esclavos de la Isla quienes se convierten en el centro de toda la atención académica y educativa creando una mitología esclavista en un país donde la obra de María González la elimina.

La historiografía reciente que ha incluido al negro y la negra libres se ha centrado más sobre un caso urbano o sobre su condición particular de trabajo. Un intento de examinar esa población libre de la Isla se realizó en una tesis de maestría en la Universidad de Puerto Rico donde se sigue el concepto generado de un trabajo literario de crítica social.[13] Los negros y negras libres son objeto de comentarios y o examen ligero en algunos textos sobre la esclavitud o sobre la historia de Puerto Rico.

La población negra de Puerto Rico existía cuando ocurrió el auge esclavista del siglo XIX, que nunca fue mayor que ella. Este ha sido uno de los grandes problemas del análisis de una población negra libre que existía, que vivía y era parte esencial de la sociedad de esos momentos históricos. Estos negros y negras libres fueron la masa que

---

[13] Ver: Ángel López Cantos, *Miguel Enríquez: Corsario boricua del siglo XVIII*, San Juan: Ediciones Puerto, 1994; Francisco Moscoso, "Formas de resistencia de los esclavos de Puerto Rico, siglos XVI-XVIII" *América Negra* 55:10 (Diciembre 1995): 31-48; Benjamín Nistal Moret, *Esclavos, prófugos y cimarrones: Puerto Rico, 1770-1870*, Río Piedras: Editorial de la Universidad de Puerto Rico, 1984; Arlene Torres, "La gran familia puertorriqueña éj prieta de belda" pp.285-305 en Arlene Torres y Norman E, Whitten Jr. (Eds.) B*lackness in Latin America and the Caribbean: Social Dynamics and Cultural Transformations, Volume 2, Eastern South America and the Caribbean*. Bloomington: Indiana University Press, 1998: Jalil Sued Badillo y Ángel López Cantos, *Puerto Rico Negro*, Río Piedras: Editorial Cultural, 1986; Jay Kinsbrunner, *Not of Pure Blood: The Free People of Color and Racial Prejudice in Nineteenth Century Puerto Rico*, Durham: Duke University Press, 1996; Raúl Mayo Santana, Mariano Negrón Portillo y Manuel Mayo López, *Cadenas de esclavitud...y de solidaridad. Esclavos y libertos en San Juan, siglo XIX*, Río Piedras: Centro de Investigaciones Sociales, 1997. William Font Sánchez, *El primer piso destapado: los libres de clase en Puerto Rico, 1673-1850*. Tesis de Maestría. Universidad de Puerto Rico, 1997.

compuso el grupo esencial de los jornaleros cuya presencia para el mundo del trabajo del siglo XIX permitió una economía floreciente y creciente. Fueron ellos los forjadores de los baluartes económicos del azúcar y del café durante el siglo XIX.

La obra de la Dra. María D. González se enfoca en números y en contribuciones. Este es un trabajo de amor por su gente, por su patria, por su identidad como mujer negra: puertorriqueña, caribeña y americana. El estudio es producto de años de búsqueda en el Archivo General de Puerto Rico, en los archivos parroquiales, en numerosas fuentes escritas secundarias y en numerosas entrevistas en barrios y pueblos de la Isla. Este examen del negro y la negra libres puertorriqueños busca conocer cuántos eran en el siglo XIX antes de la Abolición de la Esclavitud y que contribución hicieron al país como ciudadanos, como entes sociales, como puertorriqueños, porque en ellos se encuentran las raíces de la identidad nacional que luego eran compartidas con los numerosos inmigrantes que llegaban a la Isla.

Se comienza con un análisis de la esclavitud en España y Europa, examinando rápidamente la negritud en España. Luego se comienza el análisis de la formación de una sociedad libre, de aquellos primeros esclavos, que fueron liberados por sus amos o que compraron su libertad. Se incluye un examen de la población libre de San Mateo de Cangrejos, caso único en las Américas. Por último se examina la gran contribución social de la población negra libre.

Es de gran interés el capítulo donde se analizan los censos del siglo XIX. Se destacan datos que permiten cambiar la visión de la esclavitud y de la negritud en Puerto Rico. Ellos demuestran que en la Isla, la masa, el pueblo fue fundamentalmente negro por mucho tiempo; demuestran que la esclavitud no fue el elemento prioritario de la economía puertorriqueña del siglo XIX antes de 1873 sino que fue una masa negra, parda o mulata libre. También permiten ver el auge de la inmigración a una isla sin recursos, pero donde existían las condiciones para generar riquezas y cómo fue posible una enorme mezcla racial que ha determinado la identidad del pueblo puertorriqueño. También los censos señalan que al igual que ocurrió en la Nueva España,[14] hubo un momento entre los funcionarios que hacían los censos donde decidieron olvidar raza y enfatizar mano de obra, puesto que de pronto, y en algunos pueblos, los números de blancos, pardos, mulatos y esclavos son menores que el número de jornaleros. Se puede inferir que las castas o grupos mezclados de trabajadores (jornaleros) no se podían definir.[15] Esto lleva a pensar la importancia que comenzaba a jugar la economía en nivelar una

---

[14] En la Nueva España se comenzó a distinguir, desde la década del 1530, entre blancos, indios, mestizos, mulatos y zambos. Se añadía la condición de esclavo, pero al ser estos tan pocos y no pagar impuestos, la denominación se asociaba únicamente al trabajo forzado. Una vez todos estos grupos comenzaron a mezclarse, los oficiales comenzaron a darles nombres como morisco, lobo, salta atrás, jíbaro, chino, albarazado, albino, coyote, tente en pie y algunos otros llegando a más de 16 clasificaciones por color de piel o mezcla racial. Sin embargo, ya al comenzar el siglo XVII, las mezclas de las mezclas eran tantas que las olvidaron y les llamaron castas a todos los que no podían definir. Algo similar parece que comenzaba a ocurrir en la Isla hacia la década de 1860 donde el trabajo definía la raza y no un nombre particular.

[15] El uso de los términos pardo, mulato, moreno y negro se intercambian constantemente en los diversos censos tanto en el siglo XVIII como en el XIX. A veces una misma persona es pardo o mulato. David Stark lo anota en su trabajo mencionado sobre la población de San Mateo de Cangrejos. La Dra. González encontró el mismo problema de definición o indefinición. Esto puede perfectamente ser parecido al caso novohispano ya que al irse la población hacerse menos o más de una u otra cosa, los oficiales del Censo le daban un carácter fluido que hacia mitad del siglo se convirtió en jornalero, hombre o mujer que trabajaba y cuya piel podía registrar numerosas tonalidades, desde blanca a negra.

sociedad racialmente separada, que comenzaba a desinteresarse por el color de la piel de sus miembros. Por último, y se afirma lo que ya en varias recientes obras se ha admitido, que la famosa dicotomía blancos en la montaña y negros en la costa es una falacia creada en algún momento de nuestro pasado.[16] El negro, la negra y los mulatos estaban en todas partes del país, al igual que los blancos. El que en algunas poblaciones había más de un grupo que del otro, no significaba que aquellos otros no existían.

En esta obra se presenta una parte de la enorme contribución del negro y la negra libre, así como de los mulatos libres, a la sociedad y la identidad nacional puertorriqueña. En la educación fueron muchos los maestros y maestras negras del país que enseñaron tanto a niños blancos como negros; algunos fueron periodistas y escritores y dramaturgos.[17] Es grande la contribución en la música y en las bellas artes, no de ritmos africanos o de sus derivados puertorriqueños, sino también en aquella que llegaba de Europa y que surgió, como la danza, por una asimilación de sonidos particulares al oído boricua. En el mundo del trabajo agrícola, doméstico y urbano, su contribución fue mayor que la que realizaban los esclavos, poco numerosos hacia la década de 1860-70. La masa de trabajadores pertenecía a ese grupo amorfo de mulatos y mulatas claras u oscuras que llamaban jornaleros

---

[16] Fernando Picó, Cayeyanos Río Piedras: Ediciones Huracán, 2007; Luis A. Caraballo Cruz, Haciendas y riquezas agrícolas de San Germán, 1850-1883 (Tesis doctoral CEAPRC, 2010.)

[17] El país y los libros de texto solamente conocen del caso de Maestro Rafael de San Juan. Sus hermanas también fueron maestras. En Guayama y en Ponce habían escritores y periodistas negros, traductores, comerciantes.

en los censos. También había hacendados y profesionales y sus niveles sociales pasaban desde la madre mulata o negra de Román Baldorioty de Castro que lavaba ropa para que su hijo fuera a la escuela a los antepasados negros de Ramón Emeterio Betances que le pudieron enviar a estudiar a París. Negros y negras libres eran trabajadores, comerciantes, vendedores de lugar y de rutas, estibadores y campesinos.

Esta obra abre un espacio que ha sido muy ligeramente tocado por nuestra historiografía: la participación de negros y negras libres en la identidad nacional boricua. La obra enaltece a su autora y rompe mitos, abriendo caminos a la compresión del pasado puertorriqueño.

Dr. Marcial E. Ocasio Meléndez, PHD
Catedrático de Historia,
Universidad de Puerto Rico, Río Piedras

Introducción

Con el descubrimiento del nuevo mundo y los procesos de colonización llegaron a américa, especialmente en la región del caribe, negros libres y negros esclavos.

INTRODUCCIÓN

El interés por realizar esta investigación sobre el negro y la negra libres en Puerto Rico surgió cuando, como maestra de historia del nivel superior, tuve la oportunidad de participar en unos seminarios sobre "La Huella Africana," que ofreció el Centro de Estudios Avanzados de Puerto Rico y el Caribe a principios de la primera década del siglo XXI. Los nuevos conocimientos adquiridos aumentaron en mí la curiosidad de conocer más sobre los aportes culturales de África como cuna de la humanidad y su cultura milenaria. Sabemos que en ese continente surgieron una serie de culturas que al llegar al Nuevo Mundo fueron portadores de raíces en diferentes países latinoamericanos y el Caribe.

Con el Descubrimiento del Nuevo Mundo y los procesos de colonización llegaron a América, especialmente en la región del Caribe, negros libres y negros esclavos. Desde aquellos momentos históricos comenzó a surgir una población negra libre como parte de las nuevas sociedades del Nuevo Mundo. La historiografía del negro en América hace solamente referencia al estudio relacionado a la esclavitud. Sin embargo, el historiador Carmelo Rosario Natal hace señalamientos claros al indicar que la figura del negro y su impacto social no ha sido estudiado en la sociedad puertorriqueña. Esta expresión da más razón para el motivo de estudios más específicos que muestren la importancia de los negros libres como clase social no sólo durante el siglo XIX sino en el Puerto Rico contemporáneo.

El historiador Luís Díaz Soler dedicó un capítulo en forma general a los negros libres en su obra **Historia de la Esclavitud Negra en Puerto Rico,** Fernando Picó, los menciona en su libro **Libertad y Servidumbre,**

Sued Jalil Badillo y Ángel López Cantos discuten el liberto en España en la obra **Puerto Rico Negro.** Mariano Negrón y Raúl Mayo también los mencionan en la obra **La Esclavitud Urbana en San Juan.** El escritor Roberto Ramos Perea incluye aspectos relevantes culturales de negros libres en las profesiones y oficios en su obra **Literatura Puertorriqueña Negra del Siglo XIX.** Sin embargo, este análisis historiográfico breve indica que el tema del negro y la negra libre es inexistente en la literatura histórica puertorriqueña. De manera que es esencial recurrir a las fuentes del pasado para poder entender el presente.

Recientemente se comenzaron a destacar los aspectos positivos de las aportaciones culturales de la población negra y sus actitudes rebeldes ante las concepciones que presentan al negro como un ente pasivo y con poca historia que mostrar. Pero en realidad, la historia encontrada demuestra todo lo contrario. Sabemos que los negros desde su llegada han estado activos de una forma u otra en el país. La economía que desarrollaron los europeos necesitaba de mano de obra ágil y rápida. Los maltratos y esclavitud de los indios les llevó a la extinción, por lo tanto, para poder continuar los trabajos en minas y tierras era necesaria la presencia esclava en las nuevas colonias. Durante los primeros veinte años del siglo XVI comenzaron a traerla mano de obra africana para el trabajo servil.

Hemos encontrado que las leyes castellanas desde el siglo XII permitían formas de libertad de los siervos, aunque no inmediatamente fueron aplicadas a los esclavos americanos de España. De manera que los negros que se trajeron pudieron obtener la libertad, bajo las diferentes formas que proveía la ley. A lo largo de los años permitió la búsqueda de la libertad que fue una continua entre los esclavos y amos. La documentación histórica examinada muestra un crecimiento poblacional natural de negros libres en los primeros tres siglos de colonización y una fuerte mulatización social como resultado de las mezclas entre el blanco y la negra. Esta situación se registró en los censos de población y se entendió que los negros libres eran muchos más que los blancos, una tendencia que aumentó hasta la primera mitad del siglo XIX. En ese período, los negros libres constituyeron una presencia poderosa en los escenarios laborales y sociales de la Isla. La investigación que presentamos ha sido realizada desde los años 2009 – 2014 y la he titulado "El Negro y la Negra Libres en Puerto Rico 1800-1873, Su Presencia y contribución a la Identidad Puertorriqueña." En este estudio pretendo demostrar que los negros y negras libres fueron entes fundamentales en el desarrollo económico, social y cultural de la sociedad puertorriqueña del siglo XIX. Las destrezas y conocimientos que estos poseían las usaban de diversas maneras para el desarrollo de la cotidianidad y de la riqueza de la isla. A lo largo de la investigación nos pudimos percatar de la exclusión hacia las pieles oscuras y la marginación de género a mujeres blancas o negras, ya que la visión machista predominante es que su objetivo social estaba en las funciones del hogar. También nos percatamos que las fuentes reflejan una participación y contribución más amplia que la que le han asignado los historiadores del país a este tema. Tanto el negro y la negra libres han sido parte esencial en la formación de la identidad puertorriqueña.

Para este trabajo hemos investigado fuentes primarias en documentos del Archivo General de Puerto Rico. También utilizamos la documentación que la Iglesia de Jesucristo de los Últimos Días tiene de los Archivos Parroquiales de Puerto Rico. El Trabajo excelente de investigación que se encuentra microfilmado y que nos permitió localizar información sobre individuos, nacimientos y muertes por raza. Se utilizaron las actas de matrimonios, bautismos y defunciones de los negros libres. Otros sitios de investigación fue el Centro de Investigaciones Históricas de la Universidad de Puerto Rico, Sala Puertorriqueña de la Biblioteca José M. Lázaro de la Universidad de Puerto Rico en Río Piedras, la Biblioteca Nacional del Archivo General Histórico de Puerto Rico, la Biblioteca del Centro de Estudios Avanzados de Puerto Rico y el Caribe, la Biblioteca de la Universidad Interamericana-Recinto Metropolitano de Río Piedras. Archivo Histórico de Carolina y ciertas bibliotecas particulares. También visité varias comunidades del Este de Puerto Rico como la Hacienda Santa Bárbara de Gurabo para hacer entrevistas con descendientes de personas negras de esa comunidad. Además se realizaron entrevistas a distinguidas personalidades como: el historiador Dr. Francisco Scarano profesor de historia de la Universidad de Wisconsin, en un simposio de historia de la Universidad Interamericana de Río Piedras, Sr. José Godreau genealogista, Profesor y Pintor Rubén Santos de Gurabo. Se utilizaron los recursos de Internet, entrevistas. Además de examinar periódicos, revistas y documentos de fuentes particulares del Archivo Histórico que son la base principal de esta investigación.

El estudio se compone de cinco capítulos, la introducción y un capítulo de conclusiones. El primer capítulo de este trabajo lo he dedicado a ofrecer un trasfondo histórico sobre la libertad y la esclavitud, las formas de libertad y sus diferentes manifestaciones ideológicas. También incluye las versiones que se han hecho desde los inicios sociales y científicos de la civilización occidental en torno al color de piel e identifico los procedimientos más comunes para la liberación de la población servil en la isla. El historiador Luís Díaz Soler afirma que la génesis de la población libre tuvo su origen en la esclava, pero aunque es cierto al pasar el tiempo la inmensa mayoría de negros libres venía de las condiciones naturales del crecimiento poblacional.

Las diferentes teorías sobre el origen del hombre. Los orígenes de la negritud en el Viejo Mundo. Desde los tiempos más antiguos y la esclavitud como institución. El reconocimiento legal tanto del estado como por la Iglesia. Además se discute las últimas teorías de la llegada del hombre a América.

En el segundo capítulo se discute el negro y su liberación en el Nuevo Mundo y las diferentes formas que provee la ley. También incluye las versiones que se han hecho desde los inicios sociales y científicos de la civilización occidental en torno al color de piel. Tratamos el significado de las tonalidades de piel el mestizaje y el resultado de aumento de población. Además, se trata los registros parroquiales y el sistema de castas.

El tercer capítulo lo dedicamos al análisis de los censos que se hicieron en la primeras seis décadas del siglo XIX. Los censos reflejan que los negros libres eran mayoría en muchas comunidades de Puerto Rico, en otros casos casi igual a la población blanca y unas siete veces mayor que la esclava. Estos censos también reflejas unas tendencias demográficas que comenzaron a cambiar a finales del siglo.

El cuarto capítulo examina la tierra, la propiedad y la presencia de dueños negros y negras libres. Se presentan las leyes de propiedad que desde el primer siglo colonial afectaron a los propietarios. El estudio demuestra que los negros y negras libres lograron acceso a propiedades por herencia, por compra o por regalos. Tras la Cédula de Gracias de 1815 se creó una Junta de Terrenos Baldíos que permitió a los negros libres hacerse de terrenos para vivienda y cultivo. Este capítulo también aborda el sistema de trabajo de agregados, jornaleros, y el sistema compulsorio de la Libreta.

El capítulo quinto lo dedicamos al a conocer al negro y la negra libre en la sociedad puertorriqueña decimonónica y la contribución económica, social (profesiones, política, artes, música) de los negros libres en el siglo XIX. Negros y negras libres fueron los principales trabajadores de la Isla en la agricultura y en los oficios. Para el 1860, los negros libres componían una población de trabajo de más de 247,065, mientras que la población esclava era de unos 41,736. La contribución negra se dio en la música, en la literatura, en el teatro, en la poesía, en la educación. También dos poderosos políticos, Baldorioty y Betances, eran mulatos, uno el padre de la idea autonomista y el otro considerado el Padre de la Patria.

EL NEGRO Y LA NEGRA LIBRES / PUERTO RICO 1800-1873

LIBERTAD Y ESCLAVITUD

Estas reflexiones sobre la libertad son necesarias para entender la compleja situación de un mundo occidental que adoptó la esclavitud africana como un medio productor después del siglo XV, pero sujeto a visiones religiosas, racionales y emocionales...

CAPÍTULO 1

LIBERTAD Y ESCLAVITUD

La libertad es un concepto abstracto con numerosas interpretaciones por parte de filósofos y de escuelas de pensamiento. ¿Qué es ser libre? La etimología del término viene del latín "liber,", un adjetivo que se da a la persona que tiene la facultad o el poder de obrar o no obrar, poder de tomar decisiones propias.[18] La libertad es la esencia del hombre, del ser vivo, para actuar sin controles o poderes sobre su persona. Es no tener que estar atado a la voluntad de otros en forma coercitiva. Esa libertad le permite desarrollar el bien personal, para el cual necesita poder pensar en la existencia de sus condiciones materiales. Estas serán aquellas que le permitan, además de subsistir, el mejorar sus bienes materiales.

Libertad

El diccionario de la Real Academia Española define la libertad como el estado o condición de quien no es esclavo.[19] Es la libertad la que lleva al ser humano a determinar sus acciones tanto en lo ético como en lo moral. Se afirma que la libertad "en su sentido más amplio significa ausencia de ataduras o restricciones."[20] Es posible señalar, además que la libertad es una consecuencia natural de la inteligencia. El ser racional puede ser libre por

---

[18] Diccionario de la Real Academia Española.

[19] Ibíd.

[20] Austin, Fagothey. Ética, Teoría y Aplicación. México: Nueva Editorial Interamericana. S.A., 1972. Pág. 133

que lleva en sí una guía natural. Esta le es dada desde su nacimiento para servirse de su libertad, la cual es su capacidad de razonar.

El debate sobre la libertad y su realidad ha sido amplio y en el mundo occidental hay numerosas voces que tratan el tema, Thomas Hobbes, el Barón de Montesquieu, Eric Fromm, Jean Paul Sartre, Isaiah Berlín y por supuesto la Biblia.

Thomas Hobbes discute su visión de la libertad en su famoso Leviatán donde afirma que: "por libertad se puede entender de acuerdo al significado propio de la palabra, la ausencia de impedimentos externos, impedimentos que con frecuencia reducen parte del poder que un hombre tiene de hacer lo que quiere; pero no pueden impedirle que use el poder que le resta, de acuerdo con lo que su juicio y razón le dicten."[21] Él y otros de su momento histórico encontraron en las leyes de la Naturaleza una respuesta racional a las características de la vida y actuaciones humanas. La ley de la naturaleza es un precepto a una norma general, establecida por la razón, la cual prohíbe al hombre hacer lo que pueda destruir su vida o privarle de los medios de conservarla. Hobbes reconoce que la naturaleza ha hecho a los hombres iguales en facultades, cuerpo y el espíritu, por lo que si un hombre es más fuerte de cuerpo o más sagaz de entendimiento que otro, no es tan importante. La igualdad de condiciones naturales hace que ningún hombre pueda reclamar a base de la libertad, y para sí mismo, un beneficio cualquiera al cual el otro no pueda aspirar.

Hobbes continúa expresando que: "las leyes de la naturaleza, que consisten en la igualdad, la justicia, la gratitud y otras virtudes morales, que

---

[21] Thomas Hobbes. El Leviatán. Río Piedras: Editorial Universidad de Puerto Rico. 1968. Pág. 113

dependen de ellas en la condición de mera naturaleza, no son propiamente leyes, sino cualidades que disponen los hombres a la paz y la obediencia."[22] Estas leyes de la naturaleza son parte de la ley civil en un estado al cual los individuos le deben la obediencia, por lo que deben ser respetadas.

Eric Fromm discute la libertad sicológica como aquella que permite al hombre el poder seleccionar opciones, es algo con lo cual se vive, libre de hacer, pensar y vivir. Es una cuestión sicológica y fisiológica que une a cada individuo con su interior y exterior. Esa libertad no puede ser afectada ya que existe en cada persona pero a su vez implica que hay un cierto control mental sobre las acciones conscientes del cuerpo. El hombre necesita saber a ciencia cierta cómo obrar si quiere hacer las cosas de manera correcta. La obra máxima del hombre es la vida, pero esta es la obra del alma y como toda obra supone su bondad en un doble sentido teórico y práctico es necesario para el hombre saber en qué consiste la vida buena y cuáles son las condiciones indispensables para que éstas puedan ser alcanzadas. El pensar el bien de una acción requiere el saber cuál es su fin y su bien. El fin de toda acción será la vida buena que es aquella que se basa en la felicidad de los individuos y la libertad es el mejor gozo que un hombre puede desear. La libertad individual debe ser protegida por el estado, por lo que ninguna persona le puede coartar la libertad al prójimo. En caso contrario, las autoridades deberían actuar para castigar al responsable de tal acto.[23] La libertad sicológica implica actuar en defensa de la libertad individual.

La libertad política es la aplicación del principio de la selección al terreno de la praxis político democrática. Esa libertad política lleva a crear las

---

[22] Ibíd., Pág. 225

[23] Erich Fromm, El miedo a la libertad. Buenos Aires: Editorial Paidós 1985. Págs. 27-45

condiciones a través de las que se reconoce el derecho humano a participar de la cosa pública, a expresar su opinión. Bajo monarquías absolutas esa libertad estaba restringida. El Barón de Montesquieu propuso en su libro sobre las leyes, una definición en la cual la libertad se identifica con la obediencia a la ley. Él pensaba que la libertad política no consiste en hacer lo que uno quiera en un estado. Esto implica que en una sociedad en que hay leyes, "la libertad sólo puede consistir en poder hacer lo que no se debe querer."[24] El autor separa lo que es independencia y lo que es libertad. La libertad es el derecho de hacer todo lo que las leyes permiten, de modo que si un ciudadano pudiera hacer lo que las leyes prohíben ya no habría libertad pues los demás tendrían igual libertad. La independencia está sujeta a esa libertad.

La libertad política, más que cualquier otra manifestación del libre albedrío (potestad de obrar), necesita de la racionalidad en su motivación. La libertad no es la independencia de las leyes (naturales), sino su conocimiento, y cuanto mayor sea éste, más libre será el acto del hombre. Es pues función primordial del poder político procurar condiciones que favorezcan ese ejercicio. El estado no crea la libertad, sino que establece condiciones para que la libertad florezca. El individuo viene a cumplir con todo un orden establecido con sus buenas acciones para preservar su libertad.[25]

El debate sobre la libertad, sin embargo, no ha logrado contestar si realmente existe la libertad. Otra manera de acercarse al tema es utilizando

---

[24] Charles Louis Montesquieu, El espíritu de las Leyes, Libro XI, Capítulo 3 pdf. Adobe Reader.
[25] Ver. Isaiah Berlin, Political Ideas in the Romantic Age: the Rise and Influence of Modern Thought. Londres/Princeton: Princeton UniversityPress, 2006.

el principio de causalidad. Este concepto, ampliamente aplicado sólo a las ciencias "naturales," también se aplica a las ciencias "sociales." Este establece que toda la actividad humana, ya sea su modo de pensar, sentir, actuar, organizarse política y socialmente, comportarse moralmente y de todo cuanto habla está sujeto a causas. Estas inciden sobre la libertad que se puede decir existe en cuanto a que no sufrimos coacción, sin embargo algunas concepciones filosóficas argumentan que siendo el hombre libre, no lo es del todo. Estos proponen que toda actividad humana es regulada por pautas de conductas que deciden lo que debe o no debe haber."[26] Debido a que la conducta es regulada por normas, existe la disyuntiva de lo que el individuo decide o no hacer. Ello sería otra acepción a la palabra libertad, (libre albedrio), actuar conforme a su voluntad, por lo que la libertad está sujeta a la voluntad.

De acuerdo con la concepción naturalista y cristiana, Dios creó a los hombres libres. Para el poeta de los Salmos, la libertad está en Dios y es Dios. "Jehová, Roca mía y castillo mío y mi Libertador,"[27] "Mi ayuda y mi libertador eres tú,"[28] "Y andaré en libertad porque busqué tus mandamientos."[29] Sin embargo, en el Nuevo Testamento, la libertad es un bien que Dios da al hombre para ponerlo en práctica: "El espíritu del Señor…me ha enviado…a pregonar libertad a los cautivos y vista a los ciegos; a poner en libertad a los oprimidos." [30] "Porque el Señor es el Espíritu, y

---

[26] Sobre Jean Paul Sartre y su visión de la libertad humana ver a Javier EchegoyenOllelta, Historia de la Filosofía. Volumen 3. Filosofía contemporánea. Online. Portal de Filosofía, www.torredebabel.com

[27] Salmo 18: 2.

[28] Salmo 40:17

[29] Salmo 119:45

[30] Lucas 4:18

donde está el Espíritu del Señor, allí hay libertad."[31] La definición de libertad así expresada se puede entender como un bien último que asocia al hombre con lo divino, con lo sagrado. La libertad permite al hombre obrar, aunque ha sido determinado por Dios a existir. Dios quiere que los hombres sean libres, y permite que puedan pecar, porque es mejor esa libertad que la falta de ella. El pecado aparece, pues como un mal posible y condiciona un bien superior, la libertad humana.

El filósofo Francés Jean Paul Sartre considera la libertad una condena: "El hombre está condenado a ser libre." Afirma Sartre que "el hombre está condenando por qué no se ha creado así mismo."[32] Sin embargo es libre por qué una vez ha sido arrojado al mundo; es responsable de todo lo que hace. A modo de concluir Sartre enfatiza que el hombre jamás debe de eludir la responsabilidad de sus propios actos.

Estas reflexiones sobre la libertad son necesarias para entender la compleja situación de un mundo occidental que adoptó la esclavitud africana como un medio productor después del siglo XV, pero sujeto a visiones religiosas, racionales y emocionales, que existieron aunque no necesariamente eran expuestas de la manera arriba presentada.

La Esclavitud

La esclavitud es un término que define la situación cuando un individuo está bajo el dominio de otro, perdiendo la capacidad de disponer libremente de sí mismo. El esclavo o pierde su libertad y el amo la asume o se la quita.

---

[31] Segunda Carta a los Corintios
[32] EchegoyenOllelta, Ibíd.

La esclavitud o servidumbre ha sido atacada y defendida generando grandes debates en el mundo occidental, tanto desde la religión, la economía y la filosofía, que ha durado hasta el siglo XXI.

Una de las más antiguas defensas de la esclavitud proviene del pensador griego Aristóteles. El separaba los seres libres de los esclavos usando un criterio natural como lo expresa en su libro La Política, donde dice: "Esta es también la ley general que debe necesariamente regir entre los hombres. Cuando es un inferior a sus semejantes, tanto como lo son el cuerpo respecto del alma y el bruto respecto del hombre, y tal que es la condición de todos aquellos en quienes el empleo de las fuerzas corporales es el mejor y único partido que puede sacarse de su ser, se es esclavo por naturaleza."[33] Aristóteles justificaba la institución de la esclavitud, aunque ésta fuera en contra de los derechos naturales porque era cónsona con su visión del orden natural.

El Cristianismo redimió a los siervos haciéndolos iguales ante la ley natural. En la naturaleza, todos los seres son creados por el único Dios dándole similitud de creación y de acción sobre el mundo. Por lo tanto, todos los seres vivos, especialmente los humanos, son hijos de Dios formados a su imagen y semejanza. De manera que la herencia griega-cristiana trajo una dualidad de criterios respecto a la servidumbre o esclavitud.

La esclavitud ha sido un factor de importancia laboral para los diferentes países de la antigüedad que la practicaban. Mariano Negrón y Raúl Mayo

---

[33] Aristóteles, La Política. Libro I, Capítulo II. De la esclavitud.
http://www.laeditorialvirtual.com.ar/pages/Aristoteles_LaPolitica/Aristoteles_LaPolitica_001_htm#C2

dicen que "las ciudades griegas de la antigüedad descansaban en gran medida, en diferentes formas de trabajo coaccionado, que incluía el realizado por los esclavos."[34] El trabajo de la mano esclava era de gran importancia en la agricultura, comercio, manufactura y servidumbre en las casas de los amos. En la Grecia clásica, el esclavo podía ser emancipado por el amo como recompensa por buen servicio, así como los esclavos que eran diestros artesanos y que trabajaban a su arbitrio podían conservar parte de lo que ganaban para de esa manera pagar por su libertad. En Roma los esclavos también trabajaban en las minas, agricultura y cualquier otro trabajo de producción. Ángel Ortiz escribe que "en los estados musulmanes, (los esclavos) podían integrar al ejército."[35]

Aun cuando en la era antigua la esclavitud no estaba asociada a una particular raza o grupo humano, al pasar de los siglos y ocurrir los descubrimientos geográficos y comenzar el imperialismo del siglo XV, Europa consideró que los africanos podían ser los mejores esclavos. Para el sociólogo Daniel Bertaux, "África apenas tiene más que una riqueza única, una producción que es población humana, robusta y prolifera lo que los negros llaman por eufemismo <madera de ébano>."[36] El movimiento de la esclavitud africana hacia Europa comenzó en el siglo XV y se convirtió en materia prima de la actividad económica que se generó en el siglo XVI después de la aparición del Nuevo Mundo.

---

[34] Mariano, Negrón Portillo y Raúl, Mayo Santana. La Esclavitud Urbana en San Juan, San Juan: Ediciones Huracán inc. 1992. Pág. 35

[35] Ángel L. Ortiz García. Afro puertorriqueño. Río Piedras: Editorial Edil. 2006. Pág. 29

[36] Ilife, John. Africa, the History of a Continent (1995) Cambridge: Cambridge University Press. 2007. Pág. 131

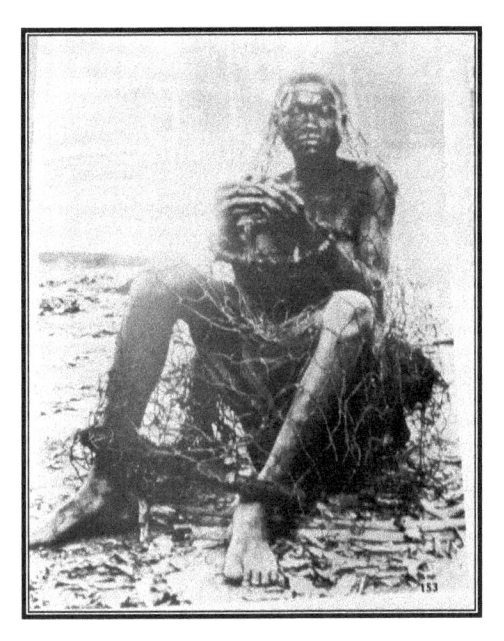

Esclavitud.

Origen de la Esclavitud

La esclavitud fue un fenómeno que afecto a todos los continentes. La trata de esclavos permitió que mientras unos se lucraban, otros, los pueblos afectados quedaban en desolación y extinción. El origen de la esclavitud es tema de debate. Mientras algunos dicen que "fue en el continente europeo",[37] y no en África, otros dicen que a ciencia cierta no se pueden establecer siglos ni fechas específicas de su inicio.

El origen de la esclavitud en las Américas ha sido tratado por numerosos autores. Antonio María Fabié, en su reseña del libro de Konrad Häbler del 1895, establece que el origen comenzó con la captura de once negros de la costa de Guinea en el 1441 para su señor el Príncipe Enrique El

---

[37] Meillessoux, Claude, Antropología de la Esclavitud, Madrid: Editores siglo XXI, SA, 1990, Pág. 24

Navegante."[38] A partir de ese momento, se aumentaron las expediciones al continente africano con el carácter de conseguir esclavos. Ya para el 1448 se había establecido un mercado en Cabo Blanco, adonde mercaderes árabes y africanos llevaban esclavos para ser cambiados por caballos, telas y otros artículos hechos en Portugal. En 1498 se fundó la compañía de Lagos y luego la de Argüí las que controlaban el tráfico de esclavos en ese período inicial del siglo. Muchos de esos esclavos fueron vendidos en Andalucía y Castilla, así como en otros países europeos. Los portugueses tuvieron el monopolio de este tráfico por muchos años.

Por varios siglos, mercaderes árabes habían controlado el monopolio de esclavos africanos alrededor del Mediterráneo. Estos esclavos eran capturados desde el Sudán hasta el Magreb y en la periferia del Sahara, y eran vendidos en las costas norteafricanas usando unas poderosas redes comerciales. Los esclavos eran transportados en caravanas hasta el Mediterráneo donde eran vendidos a comerciantes de diversas nacionalidades europeas.

En 1473, se estableció una ordenanza real para que todos los esclavos obtenidos en África tuvieran que ser llevados a Portugal en primera instancia. Luego, en 1486, se fundó en Lisboa la casa de los esclavos donde se conseguían las licencias para conseguir esclavos y gravar con impuestos este tráfico comercial. Entre 1493 y 1495 se contabilizaron 3,600 esclavos que habían llegado a esa Casa. Por el Tratado de Alcazovas de 1479 entre

---

[38]Fabié, Antonio María. "Los comienzos de la esclavitud en América de Konrad Häbler." Boletín de la Real Academia de la Historia, 28 (Madrid) 1896. Reproducción digital Biblioteca Cervantes.

Castilla y Portugal se autorizó la venta de esclavos en el reino ibérico y se estableció en Sevilla el gran mercado para Castilla y otros reinos ibéricos.[39]

La Esclavitud en África

Antes de la llegada de los europeos la esclavitud ya existía en África como resultado de las guerras entre los reinos africanos, "aunque no era una institución de gran relevancia."[40] Sin embargo, contrario a otras sociedades donde había esclavos, en África, el esclavo poseía derechos cívicos y de propiedad existiendo también numerosas formas de emancipación. Los esclavos se separaban en categorías; de casa, de guerra y de trabajo. Los esclavos, como en la antigua Roma, eran integrados rápidamente a la familia que los poseía. En el Congo, por ejemplo, el jefe de la familia consideraba que el esclavo era como un hijo y le llamaba "mwana" o el hijo o el niño. En otras partes del África, los esclavos no tenían una situación tan agradable, pero la estructura familiar no permitía que los esclavos fueran cosas o posesiones solamente. También habían sociedades africanas donde la esclavitud no existía como es el caso de los "fangfang" del África ecuatorial. Probablemente la esclavitud se desarrolló en otros continentes por el contacto de diferentes civilizaciones. Los imperios que existieron en el continente africano tenían esclavos entre las guerras que había entre los jefes guerreros.

---

[39] Peredo, Álvaro: Los inicios de la esclavitud Moderna, http://www.campodemarte.com. Junio 2008

[40] Heers, Jacques: Esclavos domésticos de la Edad Media en el Viejo Mundo Mediterráneo, Valencia: Instituto Alfonso el Magnánimo, 1989, Capitulo 1, Pág.14

En África Occidental, ya para el siglo IX, "los sudaneses vendían sudaneses (negros) sin razón ni por motivo de guerra.[41] Fuentes de historiadores árabes mencionan que mercaderes egipcios iban al Sudán para robar niños que eran castrados para servir como eunucos en las casas principales. Los mismos sudaneses robaban niños de las comunidades para venderlos a esos comerciantes.[42]

Después de la aparición del Nuevo Mundo y de los problemas de trabajo causados por la desaparición de indios en las Antillas Mayores, las necesidades del comercio de esclavos aumentaron. En África, esto trajo ataques y guerras por conseguir esclavos entre villas, aldeas y pueblos; vecinos contra vecinos. Los reyes africanos facilitaban el comercio de esclavos proveyendo los negros sin que los negreros tuvieran que internarse en la selva en busca de ellos. El nigeriano Uya Okon Edet señala que "el tráfico de negros fue en esencia una sociedad entre la nobleza africana y los tratantes occidentales."[43]

Presencia portuguesa del siglo XV

El primer país europeo que reconoció las costas occidentales del continente africano fue Portugal. El príncipe Enrique el Navegante de Portugal era un apasionado de la navegación. A principios del siglo XV, los moros estaban instalados en la cuenca occidental del Mediterráneo, tras haber peleado por Ceuta en el norte del África, decidió atacarles por la

---

[41] Meillassoux, Claude. Antropología de la esclavitud: vientre de hierro y dinero. México, DF: Siglo XXI 1990. Pág. 50

[42] Ibíd. Pág. 51-52

[43] Okon Edet, Cuya, Historia de la Esclavitud Negra en la América y el Caribe, Buenos Aires: Editorial Claridad S.A. 1989, Pág.130.

retaguardia usando para ello las costas del Atlántico occidental del litoral africano. Durante la segunda década del siglo, una de las expediciones que envió ocupó la isla de Madeira y en la tercera década se hizo un desembarco en las Islas Canarias.

Marinos andaluces también habían descubierto esas islas de la costa africana y en la segunda mitad del siglo XV, Castilla y Portugal se disputaron la posesión de ambos archipiélagos. La disputa termino con el tratado de Alcazovas de 1479 que reconoció la posesión de Islas Canarias a España. El tratado también reconoce a Portugal su posesión de las tierras al sur de las Islas en la costa africana y el monopolio del tráfico negrero de Guinea.[44] Las expediciones portuguesas a lo largo de la costa atlántica continuaron arribando hasta el Cabo Blanco. La isla de Arguín cercana a Mauritania fue tomada como centro comercial y se fortaleció. En ella se intercambiaba con los moros trigo, telas y oro por negros cautivos.

Lisboa fue la ciudad más importante en el tráfico de esclavos, al iniciarse ese comercio desde Portugal hacia Europa. Los negros eran vendidos a familias que los usaban en labores domésticas y otros trabajos. Durante el siglo XV Lisboa se convirtió en una ciudad con una inmensa población negra por el número de esclavos que llegaban. La venta de esclavos generó una gran cantidad de dinero permitiendo a Lisboa a convertirse en un gran centro económico. Algunos de los negros que capturaban en África eran musulmanes, lo que eventualmente generó problemas por la visión religiosa distinta de esa religión sobre sus miembros.

---

[44] Ver Bethell, Leslie (Ed), Historia Cambridge de América Latina, Tomo 1, Segunda parte. Págs. 126-132.

Servidumbre y esclavitud en la Península Ibérica

Desde el Asia hasta América, las islas de Polinesia y Europa, grupos dominados por otros grupos humanos, los esclavizaban para cobrarse deudas, llevar a cabo venganzas, guerras entre pueblos, adquirir poder político o económico y otras razones. Sin embargo, la trata de esclavos africanos, conocida desde tiempos cartaginenses y romanos, se acentuó con la presencia árabe en el norte de África. "La trata africana de esclavos hacia Magreb luego a Europa, (fue el) origen de la esclavitud en África negra, no hizo más que el relevo de los tratos que existían desde hacía siglos en Asia, en el continente europeo y alrededor del Mediterráneo."[45]

Los grandes estados africanos de población negra, en particular aquellos con religiones africanas, con organizaciones de redes comerciales que se extendían desde Sudán hasta Magreb (nombre que se le dio al Noroccidente de África), vendían a sus enemigos. El Reino de Ghana disponía de fuertes ejércitos y caballerías y "la gente de Ghana incursionaba en el país de Barbará de las Amina y se apoderaba de los habitantes como se hacía en otros tiempos en que ellos mismos eran paganos."[46] Muchos de esos esclavos los enviaban al Magreb donde eran vendidos a través del imperio musulmán. A principios del siglo XV, los portugueses se apoderaron de la ciudad de Ceuta en el norte de África, en la costa de Magreb, cerca de las rutas de la trata. Los portugueses fueron los primeros europeos en lucrarse de la trata de esclavos en la era moderna. Pronto pudieron conseguir esclavos comprándolos directamente sin tener que esperar en el Magreb, a

---

[45] Millassoux. Pág. 24

[46] Millassoux, Pág. 52

medida que sus expediciones fueron conociendo las costas occidentales del África.

Pronto hubo la necesidad de regular ese nuevo comercio, iniciándose la centralización de la trata de negros: "en 1473 se presentó un proyecto de ley en las Cortes portuguesas, por el cual todos los esclavos comprados en África debían llevarse primero a Portugal."[47] Trece años más tarde (1486) se fundó en Portugal, la Casa de los Esclavos, cuyo fin era conceder licencias que asegurasen que se cobraban los impuestos. Fueron también los portugueses los primeros en obtener el Asiento o contrato otorgado por la corona de España para conseguir esclavos para sus tierras americanas en el siglo XVI.

El príncipe Enrique, hermano del rey, creó una Escuela de Navegación en Segres, cerca de Lisboa. En ella se prepararon excelentes marinos que tomaron las rutas oceánicas por las costas del África Occidental. Arturo Morales Carrión expresa "que a los portugueses les tienta entonces el misterio de las islas del Atlántico y el continente africano."[48] Estos viajes, exitosos en la apertura geográfica y de nuevos mundos, permitieron avances comerciales, especialmente al dar comienzo a la trata de esclavos en las rutas transatlánticas con la captura o compra de esclavos de África. Para estos tratantes de esclavos no existían problemas de carácter moral o ético, puesto que la trata era una transacción económica sin trabas por parte de la Iglesia, del Estado o de la sociedad. Además, las investigaciones históricas prueban que no todos los negros que llegaban a Lisboa lo hacían en calidad de

---

[47] Hugh, Thomas. La Trata de los esclavos, historia del tráfico de seres humanos 1440-1870 Barcelona: Editorial Plaza. 1998. Pág. 85

[48] Morales Carrión, Arturo. Historia del pueblo de Puerto Rico desde sus orígenes hasta el siglo XVIII. San Juan: Editorial Cordillera Inc. 1983. Pág. 45

esclavos. Algunos vinieron por voluntad propia en alguna misión de un rey africano o para adoptar la fe cristiana.

En el reino de Castilla se creó una legislación sobre la servidumbre o esclavitud desde el comienzo de la Baja Edad Media. El rey Alfonso X el Sabio fue el gran legislador y jurista medieval del Reino castellano. Para mediados del siglo XIII ordenó o escribió una legislación que se conoce hasta el presente como las Siete Partidas de Alfonso el Sabio. Dichas leyes tenían el fin de conseguir uniformidad jurídica en las áreas del derecho real, constitucional, social, mercantil y procesal civil y penal. La Partida Cuarta, Artículo 21 y leyes 1, 4, 6 y 8 establecen las formas de convertirse en siervo u esclavo y el trato que deben recibir. Las regulaciones relacionadas con los siervos o esclavos en España comenzaron con esta legislación. Ellas representan un gran avance para la visión castellana y española de la esclavitud, pues se convirtieron en los precedentes legales sobre ese tema tanto para la España peninsular como imperial. El examen de estos títulos es de interés en esta investigación,

Título 21: De los siervos II

Ley 1: Servidumbre, es postura, o establecimiento que hicieron antiguamente las gentes, por la cual los hombres, que eran naturalmente libres, se hacían siervos y se sometían a señorío de otro contra razón de naturaleza. Y siervo tomó este nombre de una palabra que es llamada en latín servare, que quiere tanto decir en romance como guardar: Y esta guarda fue establecida por los emperadores, pues antiguamente a todos cuantos cautivaban, matábanlos mas los emperadores tuvieron por bien y mandaron que no los matasen, más que los guardasen y se sirvieren de ellos. Y hay tres maneras de siervos: la primera es la de los que cautivan en tiempo de guerra siendo enemigos de la fe; la segunda es de los que nacen de las siervas; la tercera es cuando alguno que es libre se deja vender. Y en esta tercera son menester cinco cosas: la una, que él mismo consienta de su grado que lo vendan, la otra que tome parte del precio, la tercera que sea sabedor que es libre, la cuarta, que aquel que lo compra crea que es siervo; la quinta, que aquel que se hace vender, que hay de veinte años arriba.

Ley 4: Malos cristianos hay algunos que dan ayuda o consejo a los moros que son enemigos de la fe, así como cuando les dan o les venden armas de fuste o hierro, o gáleas o naves hechas, o madera para hacerlas; y otros los que guían y gobiernan los navíos de ellos para hacer mal a los cristianos.; y otros los que les dan o les venden madera para hacer algarradas u otros ingenios. Y porque estos hacen gran enemiga, tuvo por bien la iglesia que cualesquiera que cogiesen a alguien de los que estas cosas hicieran, que los metiesen en servidumbre y los vendiesen si quisiesen, o se sirviesen de ellos, bien así como de sus siervos.

Ley 6: Completo poder tiene el señor sobre su siervo para hacer de él lo que quisiere, pero con todo esto no lo debe matar ni estimar, aunque lo hiciese porque, a menos de mandamiento del juez del lugar, ni le debe herir de manera que sea contra razón de naturaleza, ni matarle de hambre, fuera de sí lo hallase con su mujer o con su hija, o haciendo otro yerro semejante de estos, y entonces bien lo podría matar.

Ley 8: judío ni moro ni hereje ni otro ninguno que no sea de nuestra ley puede tener cristiano por siervo; y cualquiera de ellos que contra esto hiciese, teniendo a sabiendas cristiano por siervo, debe morir por ello, y perder todo cuanto que hubiere y ser del rey. Otro si decimos que cualquiera de estos sobredichos que hubiere siervo que no fuese de nuestra ley, si aquel siervo se tornarse cristiano, que se hace por ello libre luego que se hace bautizar y recibe nuestra fe, y no está obligado a dar por sí ninguna cosa a aquel cuyo era antes que se tornase cristiano."[49]

Es particularmente interesante la ley 1 donde se establece que se es siervo por captura en una guerra; por nacimiento de una madre sierva (línea maternal) y cuando alguien acepta venderse. En esta última se impone un criterio personal de aceptación de esa condición. También se establece que los siervos o esclavos de ese período eran enemigos de la fe cristiana por ser judíos, musulmanes u otros enemigos del Reino. No se mencionan ni a los africanos ni su piel.

"En el siglo XV los españoles habían iniciado la conquista y colonización de las Islas Canarias y en ella los esclavos africanos también tuvieron gran importancia especialmente en el cultivo de la caña de azúcar."[50] Tras intentar eliminar a la población nativa de esas islas, llamada guanches, se trajeron esclavos provistos por los portugueses que eran usados como sirvientes en casas de las familias castellanas allí asentadas, en trabajos domésticos y de carga de transporte, artesanías y otros. Una de las consecuencias de esta trata africana en Europa fue de acuerdo con Jalil Sued Badillo "la gradual introducción de una población esclava nueva, la negra."[51]

La esclavitud contribuyó a edificar grandes imperios políticos y económicos. De acuerdo a Claude Millassoux "La esclavitud ha dejado hasta

---

[49] Tomado de las Siete Partidas, Alfonso X El Sabio.
http://libroweb.wordpress.com/2007/10/13/las-siete-partidas-alfonso-el-sabio-2

[50] Ricardo E. Alegría. Juan Garrido, el conquistador negro de las Antillas, Florida, México y California. San Juan: Biblioteca del Centro, 2004. Pág. 17

[51] Sued Jalil, Badillo, Ángel López Cantos. Puerto Rico Negro. San Juan: Editorial Cultural Inc., 2003. Pág. 17

el día de hoy huellas profundas, prejuicios, temores, secuelas de explotación apenas superados, que dan testimonio sobre el arraigo y las funciones de estas instituciones en la sociedad post-colombina."[52]

Orígenes del Hombre y África

La procedencia del Hombre ha estado asociada a una serie de interrogantes que se han intentado explicar de diversas formas del origen evolutivo del ser humano, desde el punto de vista religioso, ideológico y político. Muchas de ellas han estado carentes de sustento científico.

La búsqueda de los orígenes no ha sido exclusiva de una disciplina, sino que ha estado a cargo de equipos interdisciplinarios que incluyen la biología, la geología, la etología,[53] la antropología y paleontología.

En el siglo XIX surgió la teoría biológica y antropológica del inglés Charles Darwin. A esta teoría se le denomina de "la evolución del Hombre." De acuerdo a ella, todos los seres vivos pertenecen a una gran familia que se ha desarrollado en el transcurso de la historia de la tierra.

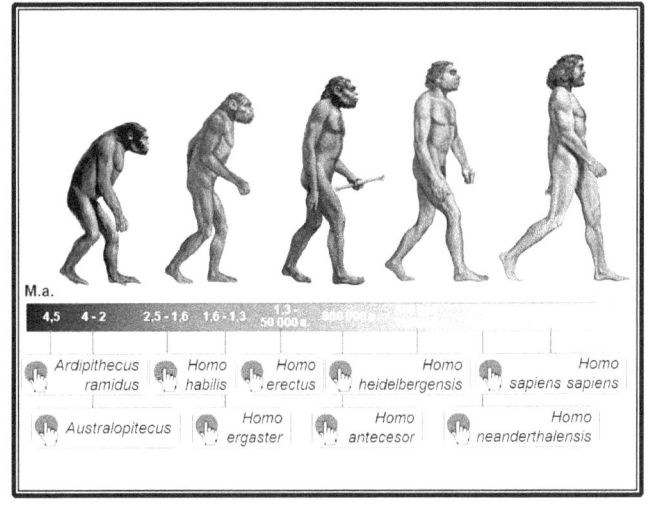

Darwin reconstruye la vida de los grupos humanos que dejaron restos materiales desde los primeros homínidos.

---

[52]Millessoux, Pág. 76

[53] Etología: (del griego significa costumbres) es una rama de la biología y sociología que estudia el comportamiento de los animales.

Darwin "reconstruye la vida de los grupos humanos que dejaron restos materiales desde los primeros homínidos (primates) y su largo camino hacia el hombre."[54] Esta teoría de Darwin ha sido una de las más debatidas en la época contemporánea, unos a favor por el detallado análisis científico desplegado, otros por negarse a ser el resultado natural de ascendentes de otras especies animales.

Una de las investigaciones arqueológicas y paleontológicas sobre el origen del hombre de mayor importancia en el siglo XX ha sido la realizada por Louis Seymour Leakey en Kenya. Las más recientes encontradas en la garganta de Olduvai, en las planicies de Serengueti al norte de Tanzania. Dicho lugar contiene uno de los yacimientos de restos fósiles humanos más ricos del mundo. De estas investigaciones se desprende que en 1959 se encontró el fósil pre-humano más importante, Homo Habilis, lo que ha permitido considerar al África como cuna de la humanidad. El mismo Darwin había pronosticado que el África era el más antiguo lugar de ocupación del hombre. Fue en ese continente donde los primeros hombres se asentaron en las grandes riberas de los valles fértiles del rio Nilo. Desde allí, probablemente se desplazaron a otros lugares en Europa, Asia y Polinesia. A pesar de estas investigaciones, el origen del hombre, ahora situado en África, sigue siendo una interrogante que requiere mayores estudios.

Por otro lado, la mayoría de los científicos estudiosos del origen del ser humano en América han situado al "homo sapiens" arribando desde el África por rutas alternas. Las investigaciones y teorías sobre cómo ocurrió la llegada del hombre a América han sido ampliamente debatidas por

---

[54] http://www.portalplanetasedva.comar/evolucion

diferentes investigadores. El antropólogo Alex Hrdlicka nos plantea una teoría "asiática" de migraciones mongoloides. De acuerdo a Hrdlicka "estas hordas de cazadores penetraron en Norte América por el estrecho de Bering, durante la cuarta glaciación, cuando el mar de esta zona se congeló, creándose un puente entre el extremo nororiental de Asia y la península de Alaska."[55] Otros investigadores del tema han sido el francés Paul Rivet y José Embellonine.

La teoría de un origen australiano fue hecha por el antropólogo portugués Antonio Mendes Correa en 1927, sobre las similitudes que tienen los indígenas americanos de la Tierra del Fuego y los aborígenes australianos. De acuerdo a Mendes "estos poblaron nuestro continente viajando a través del gran número de islas del Pacifico Sur, ello les permitió llegar a la Antártida, cuando no se encontraba cubierta de hielo y de allí pasaron al sur de América."[56] Paul Rivet también se unió a esta teoría que se opuso a la del Estrecho de Bering de Hrdlicka de 1913, que fue utilizada como la única forma de arribo del Hombre. El origen polinésico se unió así al origen asiático del Hombre americano. Sin embargo, estudios arqueológicos y paleontológicos en Brasil, realizados por un equipo de estudiosos brasileños y franceses dirigidos por la arqueóloga brasileña Niéde Guidon descubrió otra ruta. Ellos descubrieron, en la década de 1970-80, unos 800 yacimientos que comprueban la llegada a tierras americanas de Homo

---

[55] http://www.mucaba.arqfichashistoricasexploracioneseuropeas

[56] Mendes Correa, Antonio. "Nouvellehypotheses sur le peuplementprimitif de l´Amerique du Sud" Trabajo presentado en el Duodécimo Segundo Congreso de Americanistas celebrado en Roma en 1926, vol.1: 116. Estateoríallevóaexploraciones en Monte Verde, Chile. Ver. Dilkhay, Tom D. Monte Verde, a Late Pleistocene Settlement in Chile (2 vols) Washington, DC: Smithsonian Institution Press, 1997; y Davidson, D. S. "The Question of Relationship Between the Cultures of Australia and Tierra del Fuego" American Anthropology (New Series) 39:2, (April-June 1937): 229-243.

Sapiens, directamente desde el África. Estos yacimientos se encuentran en la Sierra de Capibara, en el estado norteño de Piauí. La arqueóloga alega que hombres y mujeres se movían y vivían en esta región 12,000 años antes de Cristo, a la misma vez que en Clovis, estado de Nuevo México, Estados Unidos; fecha que es utilizada para servir de base a la presencia humana en el continente. Es este lugar, también se han encontrado restos de hogueras con edades de 50,000 años.[57] Estas teorías sudamericanas destrozan la preeminencia de la llegada por el Estrecho de Bering y plantean diversos puntos de origen, lo que explica la diversidad de características fisiológicas de los pobladores del continente. Las migraciones ocurridas a la América llevaron a mezclas entre estos grupos humanos dando lugar a una diversificación heterogénea con diferentes rasgos étnicos. Es posible, entonces, que la presencia de negros en América sea mucho más antigua que la que alega todos los textos dando el siglo XVI como el de su arribo al continente.

Creación de la negritud

La idea de raza como distintivo de piel ocurre, aparentemente, desde el siglo XV. La historiografía española previa a la Conquista no utiliza la raza como índice de separación; se usó la religión, la geografía y el sexo, pero no la raza. Las leyes de Alfonso X el Sabio pueden servir de ejemplo. Negro era el que provenía de África, especialmente al sur del Sahara, pero fue tras el

---

[57] "PedraFurada, Brazil:Paleoindians, Paintings, and Paradoxes. An interview with NiedeGuidon" Athena Review, 3:20 Peopling of the Americas. http://www.athenapub.com/10pfurad.htm. Gidon, Niede y G. Delibrias, "Carbon- 14 dates point to man in the Americas 32,000 years ago" Nature (1986), vol. 321:769-771.

comienzo de la esclavitud portuguesa que comenzó la transformación cultural del apelativo.

Esta transformación se acentuó en las Antillas y en el continente americano donde el apelativo "negro" se asoció con la esclavitud. A lo largo de las más variadas condiciones sociales y durante varios siglos, el africano pasó por varias personificaciones y figuraciones sociales. Octavio Ianni afirma "que entre las figuraciones sociales estaban: el esclavo bozal (esclavo traído de África), esclavo criollo (el que nació en América), el ladino (esclavo traído de España), el negro liberto, el mulato y el negro."[58] El africano fue transformándose en negro y mulato de forma paulatina, con la confrontación del blanco, el indio, el mestizo, el inmigrante europeo, el asiático y otros tipos sociales. Luis Díaz Soler establece, desde otra perspectiva, "que la última figuración social del esclavo fue la del mulato o negro, que se compuso por la mezcla del colono con la negra debido a la escasez de mujeres españolas y la merma de la población aborigen."[59]

La investigación para definir los criterios de grupo social es variada en América. En algunas regiones hacen alusión a los ancestros, en otras a los patrones socioculturales y otros tienen como criterio la apariencia física, que consideran la base fundamental para la clasificación de las razas sociales. Parte de las investigaciones e interpretaciones sobre el tema han trabajado las relaciones de clasificaciones del blanco y el negro en América y el Caribe. Además de Luis Díaz Soler, se destacan Fernando Ortiz, Gilberto Freyre, Melville J. Herskovits, Harris Hoetink, Sidney W. Mintz, Octavio Ianni,

---

[58] Octavio Ianni, "Organización social y alineación" en Manuel Moreno Fraginals, África en América Latina. México: Ediciones Siglo XXI. S.A. 1977. Págs. 53-90, p. 53.

[59] Díaz Soler, Luis. Puerto Rico Desde los Orígenes Hasta el Cese de la Dominación Española. San Juan: Editorial Universidad de Puerto Rico. 1999. Pág. 107

Manuel Moreno Fraginals y Roger Bastide, entre los que han buscado explicar las relaciones históricas y culturales del blanco y el negro. Herskovits, en su libro sobre el Negro en los Estados Unidos que crea el campo de los estudios africanistas en las Américas, desarrolla el tema de la persistencia y contribución de la cultura africana a las sociedades de todo el continente americano.[60] Herskovits piensa que es "en la escala de africanismos culturales, es así mismo una muestra de cómo los investigadores sociales tratan de explicar la metamorfosis del africano en negro y mulato, si es una cuestión capital de comprender cómo el africano se transforma en negro y en mulato, y por qué las relaciones entre el blanco, el negro y el mulato marcan y recrean diferencias raciales, en vez de apagarlas o diluirlas."[61]

Así pues, la explicación de la metamorfosis, investigadores, y antropólogos e historiadores buscan por establecer la relación entre raza y la cultura. Se pueden dar tres interpretaciones sobre la contribución cultural de las poblaciones de África y sus descendientes a las sociedades de América Latina y el Caribe:

> a. La cultura africana, más o menos como tal, está presente en todas las sociedades en las que se introdujeron esclavos africanos. Esta cultura está presente en diferentes formas, desigual en cada una de las organizaciones sociales, desde el idioma, la familia y el folklore.

---

[60] Herskovitz, Melville Jean, the Myth of the Negro Past. New York/London: Harper Books, 1941.
[61] Moreno, Fraginals Pág. 55

b. La cultura traída por los africanos fue, más o menos profundamente rota y reelaborada por la esclavitud. Sin embargo, no se toma en cuenta a otros africanos que llegaron a América y el Caribe, que eran libres y muy bien pudieron haber transmitido su herencia cultural en la mayor parte de los países de América y el Caribe. Cada país latino americano y caribeño tiene culturalmente formas de expresión que heredaron de sus ancestros africanos, como por ejemplo, cuando se sienten los ritmos cadenciosos de los instrumentos de percusión. De acuerdo al antropólogo Fernando Ortiz las claves; la marínbula, la contribución danzaría conga que está en la rumba, el guaguancó y la cumbia."[62]

c. Las culturas africanas y esclavas fueron rotas y superadas por las relaciones y estructuras capitalistas que predominan ampliamente en las sociedades de América Latina y el Caribe.

Si partimos desde los inicios del descubrimiento y colonización la formación social en América y el Caribe la componen los europeos, los indígenas y africanos. Estas raíces culturales que se han heredado de los ancestros son como un manantial que brota desde las mismas entrañas de la tierra y no hay quien lo quite.

En entrevista realizada por historiadores de la herencia afro descendiente en Centro América titulada "Todos tenemos un amigo al que le decimos ´el

---

[62] Ortiz Fernando. "Antropología música y danza en Cuba.". en Moreno Fraginals Óp. Cit. Pág. 222

negro´ ¿o no?"[63] Se discutieron sus investigaciones las que revelaron que existe una herencia de ignorar a los negros y mulatos en los textos. Cuando se habla de afro-descendientes, la gente tiende a relacionar el concepto con el color de piel. Sin embargo, las fuentes históricas señalan que "en la antigua capital de Guatemala, capital de Centro América, la población mayoritaria era de africanos y mulatos, ni siquiera de indígenas."[64] Lo cual es un indicador de que la presencia africana fue predominante en la formación social entre el blanco y el negro, en muchas partes de América.

María Velázquez explica que "hay un desconocimiento absoluto, incluso en algunas regiones donde los africanos y afro descendientes no fueron la tercera raíz, sino la segunda o primera raíz."[65] Los hallazgos de estos historiadores permiten concluir que la transformación del negro ocurrida por muchos años, el desconocimiento de su pasado, y el racismo social han elevado el nivel de discrimen del blanco y de los mulatos blancos hacia el negro así como a la no aceptación de los americanos negros.

Negros Libres en España

La invasión musulmana en la península Ibérica en el siglo VIII fue significativa para aumentar el tamaño de nuevas poblaciones de pieles más oscuras. Las invasiones marroquíes que ocurren después del siglo X aumentaron el tamaño de esa población de origen africano, creando mayores cantidades de personas mezcladas en la Península. Durante el

---

[63] Rina Cáceres, María Elisa Velázquez y Carlos Cancel, "Todos tenemos un amigo al que le decimos ´el negro´ ¿o no? Revista digital El Faro http://www.elfaro.net/es/201107/elagora/4760. Acezado el 7/14/2011. Pág. 1

[64] Ibíd.

[65] Ibíd.

siglo XV, Sevilla tuvo un crecimiento acelerado de la población negra libre y esclava. Esta "llegó a ocupar un barrio con capilla, ordenanzas y policías especiales, constando con una cédula expedida en Duero, 2 de noviembre de 1475, (con) el nombramiento por los Reyes Católicos de un negro llamado Juan de Valladolid para servir los oficios de juez y mayoral de todos los negros y mulatos libre residentes en la ciudad."[66] El dato indica que había tolerancia hacia los negros libres pues se les asignaban posiciones de importancia en cargos públicos, aunque fuesen relacionados específicamente con su grupo social. "La literatura española del Siglo de Oro refleja claramente la importancia que el negro y sus expresiones culturales incluyendo la lengua y la música, tenían en la sociedad española."[67]

Aun así, en Sevilla la vida de los libertos era dura y difícil. Ellos tenían que competir por el limitado mercado de trabajo con los negros, blancos y los moros. La libertad no necesariamente implicaba una mejoría en el estatus económico de los libertos. Aunque consiguieran trabajo "después del esfuerzo considerable que implicaba la obtención de la libertad, su situación económica mejoraba escasamente: los sueldos que ganaban eran prácticamente los mismos que recibían cuando eran esclavos con la diferencia de que eran libres."[68] Otros aspectos que afectaban a los libertos en la península eran: la reglamentación por gremios, el hecho de ser cristianos nuevos y el limitado número de empleos en España. Se conoce que durante las primeras dos décadas del siglo XVI, algunos libertos con

---

[66] Brau, Salvador. La Colonización de Puerto Rico. San Juan: Instituto de Cultura Puertorriqueña. 1981. Pág. 204

[67] Alegría, Pág. 15

[68] Sued Jalil Badillo y López Canto, Puerto Rico Negro. San Juan: Editorial Cultural Inc. 2003. Pág. 17-18

bienes los vendieron para viajar al Nuevo Mundo en busca de mejores condiciones de vida.

El Liberto en América

La llegada de libertos a las tierras americanas no fue bienvenida por los blancos castellanos porque se sintieron amenazados y muy pronto le impusieron las mismas restricciones que la Metrópoli ejercía contra los judíos y moros. Estas restricciones variaban dependiendo de la región, del tamaño de la población y de la realidad económica. También influyeron elementos religiosos que veían al negro como infiel o pagano. Herbert Klein explica que "la amplia gama de circunstancias religiosas… influyó para que cada sociedad esclavista de América fuera diferente en cuanto a aceptación del número de libertos."[69] A muchos negros se les consideraba de "mala casta."

Desde los inicios del descubrimiento del Nuevo Mundo el negro estuvo presente. Se sabe de libertos arribando en los primeros viajes colombinos y peleando en Santo Domingo. El 12 de julio de 1508, Juan Ponce de León partió hacia la isla de San Juan Bautista acompañado de 50 personas, entre los cuales estaba el liberto Juan Garrido. Él era uno de los conquistadores y venia como parte de la empresa colonizadora de la isla. Para Ricardo Alegría "este conquistador negro es el primer negro libre conocido que llegó a América y posiblemente el primero en ser representado en la iconografía de la conquista y colonización del nuevo mundo."[70] Al igual que muchos de los

---

[69] Klein, Herbert. La Esclavitud Africana en América Latina y el Caribe. Madrid: Alianza Editorial. 1986. Pág. 39

[70] Alegría, Pág. 7

europeos que llegaron Juan Garrido vino en busca de conquistas y aventuras. Como conquistador apareció en las nóminas de mineros de oro. Más tarde se trasladó a Cuba desde donde viajó para acompañar a Hernán Cortés en la conquista de los aztecas y adquirir mayores riquezas. Cortés le otorgó tierras que le permitieron el cultivo de cereales, convirtiéndose en un próspero agricultor y comerciante.

Otro negro libre que llegó a Puerto Rico fue Francisco Piñón. Él llegó con su familia y se hizo de fortuna como minero; incluso teniendo esclavos. De acuerdo a Sued Badillo, su nombre fue usado para dar "el nombre al área de Loíza conocida por Piñones."[71] También se puede inferir que tuvo tierras en esa región, por lo que el lugar se asocia con su nombre.

Esclavos en el Nuevo Mundo

Los Reyes Católicos tuvieron que considerar las peticiones de los hombres que iban a generar riquezas para la Corona desde las tierras americanas, especialmente en la búsqueda de oro. Los intentos de que se tratara bien a los indios para que estos trabajaran por salario en el recogido de oro no surtió efecto por la rápida desaparición de este grupo humano en las Antillas. Cuando el gobierno de la española dirigido por los monjes Jerónimos solicitó el envío de esclavos a las Antillas para ser utilizados en las labores de la minería, construcción de obras públicas y agricultura era que la necesidad era muy grande.

Se ha calculado que en las Indias se trajeron entre nueve y medio y diez millones de seres humanos como esclavos durante los siglos 16, 17, 18 y

---

[71] Badillo y López Cantos, Pág. 27

parte del 19. La ruta que se comenzó desde 1517 fue cruzando el Atlántico desde África hacia varios puertos particulares del Caribe y de allí al resto de las Américas. Moreno Fraginals afirma que fijando los años de 1518-1873 como fechas límites tendríamos 355 años de comercio de esclavos africanos durante los cuales tiene lugar el proceso de traslado coercitivo de seres humanos más gigantesco que se ha conocido en la historia. Estos esclavos se trajeron en función de seis producciones fundamentales: azúcar, café, tabaco, algodón, arroz y minería.[72] Los africanos que fueron traídos a América eran, mayoritariamente, jóvenes entre 15 y 20 años de edad y principalmente hombres. Los hacendados preferían esclavos jóvenes ya que el factor juventud estaba asociado a productividad, además que la vida de los esclavos era más prolongada.

La libertad era posible para los esclavos del mundo hispano. A mediados del siglo XVI se aprobaron leyes que obligaban a los vendedores de esclavos a preferir compradores españoles que tuviesen hijos con esclavas que desearan adquirirlos para darle la libertad. El rey Carlos V proveyó para que se atendiese a los esclavos que por alguna razón proclamasen su derecho a la libertad.

Una forma de entender el proceso de adquirir la libertad es usando el caso de Puerto Rico. Se habían establecido diferentes medidas para liberar a los esclavos. "El esclavo obtenía su libertad en cualquier momento en que aportara el precio de su estimación adquirido legalmente."[73] La medida de un tiempo límite para alcanzar la libertad, a veces llamada, coartación fue

---

[72] Moreno Fraginals, Pág. 13

[73] Díaz Soler. Historia de la Esclavitud Historia de la Esclavitud Negra en Puerto Rico, San Juan: Editorial Universidad de Puerto Rico, 2000. Pág. 226

también utilizada. El esclavo pagaba su precio a plazos, con el dinero que obtenía trabajando en sus días libres. Luego de los esclavos tener la libertad, trabajaban incansablemente para liberar también a sus esposas esclavas. Otra forma de alcanzar la libertad era por disposición testamentaria. Los esclavos delatores que denunciaban a los amos conspiraciones y fugas de esclavos podían conseguir cartas de libertad. Hubo esclavos que para lograr la ansiada libertad cogieron préstamos, pero lo que no está claro era la forma en que dichos préstamos serían pagados. Algunos esclavos tomaban dinero prestado algún familiar cercano, para pagar con trabajo hasta cubrir el monto del total adeudado. Con esta forma de libertad el esclavo no sólo tenía que pagar la deuda, sino los fuertes intereses de dinero que tenía que pagar lo cual alargaría el logro de su libertad además de lo costosa que resultaba.

La manera más rápida de los esclavos para conseguir la libertad era huyendo a los montes, convertirse en cimarrones. A mediados del siglo XVII, el gobernador español Juan Pérez de Guzmán (1661-1664) de Puerto Rico ofreció protección a esclavos prófugos que procedían de las Antillas Danesas y otras islas del Caribe. El Consejo de Indias aceptó esa acción y ordenó que los refugiados solo tuvieran que adoptar la religión católica y jurar fidelidad al rey de España. Además del gobierno otorgarle la libertad les proveyó tierras en un área cercana a la Capital, se les dieron dos cuerdas en el área extramuros a la Capital que se llama Puerta de Tierra, de manera que estos cimarrones se convirtieron en propietarios y miembros útiles a la sociedad.[74] Nuevas cédulas reales sobre el mismo tema se hicieron en 1680,

---

[74] Las quejas por la infertilidad de las tierras llevó al gobierno a permitirles moverse a las tierras hasta el puente de Martín Peña comenzando a ocupar las tierras que se han llamado Cangrejos.

1693, 1713 y hasta finales del siglo XVIII.[75] Las halagadoras noticias sobre Puerto Rico que llegaban a oídos de los esclavos de las islas de Sotavento despertaron entre ellos el deseo de emigrar. Esta práctica de negros cimarrones para obtener la libertad siguió en aumento.

Para mediados del siglo XVIII, el éxodo de negros fugitivos hacia la isla fue de tal magnitud que "el gobernador y capitán Don Miguel de Muesas en sus informes al rey expresó la conveniencia de crear un poblado de negros "libres."[76] Fue así como todos los negros fugitivos que vinieron de las islas adyacentes del Caribe formaron la comunidad que se conoció como San Mateo de Cangrejos. Lugar donde las tierras de condición arenosa permitieron desarrollar cultivos de yuca, batata, frijoles y otros que permitieron no sólo su sustento, sino su comercio contribuyendo al desarrollo económico de la isla.

Aún cuando el caso de Puerto Rico no es necesariamente representativo de toda América, si se dieron situaciones muy similares en otras partes del mundo iberoamericano. En el siglo XVIII, Venezuela tenía sobre 20,000 cimarrones que vivían independientes de las estructuras de poder español, en Brasil se creó una Republica de cimarrones que fueron muy poderosos por más de cincuenta años. Por lo que durante los primeros tres siglos de colonización en América y el Caribe la población libre en constante aumento represento gran importancia en la formación social de los diferentes pueblos del Nuevo Mundo. En el próximo tema trataremos la liberación del negro.

---

[75] Aponte Torres, Gilberto. San Mateo de Cangrejos (Comunidad Cimarrona de Puerto Rico). Notas para su historia. San Juan, 1985. Pág. 3

[76] Ibíd. Pág. 235-236

El Negro y su Liberación

en el Nuevo Mundo

El concepto raza se ha convertido en uno de los problemas graves en América, pues la palabra raza es un concepto confuso, impreciso y anti-científico.

Capítulo II

EL NEGRO Y SU LIBERACIÓN EN EL NUEVO MUNDO

Por mucho tiempo se han usado los términos o conceptos de blanco y de negro, sin tomar en cuenta el origen de estas categorías. En un artículo de la "American Anthropological Association", sobre la raza y construcción de la identidad humana, "han establecido la raza como un mecanismo de estratificación social como una forma de otros de demostrar que el color de piel de un ser humano no tiene relación alguna con la inteligencia."[77] Las ciencias médicas y naturales, "no han encontrado que existan diferencias cuantitativas ni cualitativas entre la inteligencia del negro y del blanco."[78] Gustavo J. Godoy en un estudio sobre el antropólogo cubano Fernando Ortiz señala que para él "no corresponde a ninguna realidad biológica que la pureza racista no pasa de ser un mito político y social que todos los científicos y antropólogos rechazan, el hablar de raza es algo impreciso, como es el alma que no tiene color."[79]

El concepto raza se ha convertido en uno de los problemas graves en América, sin duda en una América mestiza. Para Fernando Ortiz, la palabra raza no debería decirse e insta a que prescindamos de ella, pues es un concepto tan confuso, impreciso y anti-científico que las clasificaciones que se han pretendido hacer varían desde dos hasta ciento cincuenta diferentes

---

[77] Smedley, Audrey. "'Race' and the Construction of Human Identity." American Anthropologist, New Series, Vol. 100, No. 3 (September, 1998) Pág. 690-702.

[78] Ibíd.

[79] Godoy, Gustavo .J, "Fernando Ortiz, Las Razas y los Negros", Journal of Interamerican Studies, Vol. 8 No.2 (April, 1966) Pág. 236-244: 239

por lo que es necesario suprimir el concepto raza. "Si veinte millones de negros fueron traídos a América para servir como esclavos, esta cifra aterradora proclama a gritos que en la cultura del Nuevo Mundo, no se puede ignorar el negro."[80] Siguiendo esta idea, Fernando Ortiz escribió que sin el negro "Cuba no sería Cuba o sea que el negro es parte del patrimonio del pueblo de Cuba."[81] No obstante estas discusiones, la verdad es que la humanidad siempre se ha mezclado sexual y socialmente.

En África existen negros con varias tonalidades de piel independientemente de los nombres y las clasificaciones que quieran darle. Hay europeos que son de piel oscura no importa los nombres que le hayan dado ayer u hoy. Existen diferentes versiones sobre el color de la piel cuando se tienden a hacer comparaciones entre seres humanos que nos indican que "un griego de piel oscura del sur de Grecia es tan europeo como un sueco rubio de piel blanca, igualmente un egipcio con piel negra o morena es tan africano como cualquier africano de la parte sur del continente."[82]

El comercio de esclavos africanos permitió que tanto Castilla como Portugal fueran introducidos a una "población negra" y con el paso del tiempo a los esclavos que procedían de África se les aplicó el calificativo negro referente a su tez. En Castilla, recipiente de los negros africanos que eran usados en tareas domésticas no es fácil determinar "en qué grado pudo haberse dado algún mestizaje...por lo difícil de acceder con detalles en el

---

[80] Ibíd.

[81] Ibíd.

[82] Ben-Jochannan-Matta, Yosef A. A. Hombre Negro del Nilo, (trad. Georgina Falú). New York: Falú Foundation, 2004. Pág. xviii

plano de las relaciones íntimas...los documentos notariales a este respecto son inexpresivos (y) algunos testimonios sugieren la posibilidad de un cierto racismo como prohibición a las personas de color ingresar en oficios gremiales (como tejedores.)"[83] Aun los libertos por haber sido esclavos no podían atribuirse esas libertades. Sevilla fue uno de los puertos más concurridos de población negra que traían de África y allí no se descarta que en "el caso de Sevilla no se trató de un racismo expreso declarado, sino un racismo más sutil mitigado por costumbres de visión y el contacto diario."[84]

Presencia del negro libre

Desde el inicio de la llegada de los castellanos al Nuevo Mundo, el negro tuvo presencia como parte de la conquista y la colonización. La rápida extinción del indio en las Antillas forzó por razones económicas que el esclavo africano fuera traído para la extracción del oro que constituyó la economía inicial de las nuevas colonias de España. El negro y la negra libre se esforzaron con su trabajo en todas las diferentes fases del desarrollo económico social y cultural de los pueblos de América. El negro ha sido muy estudiado en la historiografía desde el punto vista de esclavo y se le aplicó el término de negro, por el color de la piel solamente. Félix Rodríguez ha estudiado como el término adquirió una carga negativa para los negros africanos que fueron traídos al continente americano:

"Es la historia de la esclavitud negra con largas jornadas de trabajo, trabajos forzados, latigazos y otras vejaciones a manos del todo poderoso

---

[83]Franco Silva, Alfonso."Los esclavos en Castilla durante la Baja Edad Media: Aproximación metodológica y estado de la cuestión" en Historia, Instituciones, Documentos (Sevilla, 1979): 113-118. Pág. 117

[84] Ibíd.

amo blanco. Con estos antecedentes se comprende que en el siglo XIX, coincidiendo con unos aires más democráticos y liberadores, se propiciara el uso y posterior difusión (del término)...´negro´ de un modo general, pero que hasta entonces no se había aplicado en el sentido de raza. Con el tiempo esta voz serviría para arrinconar y teñir de una fuerte carga negativa de *negro*..."[85]

La visión de la negritud en América Hispana ha sido muy similar en los países hispanoamericanos. Colombia, uno de los países americanos con mayor población de ascendencia africana, ha tenido un creciente movimiento para rescatar la presencia africana en su sociedad. En un estudio sobre la literatura afrocolombiana se establece que en Colombia en 1849 nació Candelario Obeso, uno de los primeros poetas negros de América, quien además participó en las luchas políticas del líder cartaginés Rafael Núñez. Su libro Recuerdos de mi Tierra (1847) destaca la vida en su mundo afroamericano. El autor del artículo, Alain Lowe-Sukan también menciona que entre enero y julio de 1861, el gobernador del Estado de Bolívar, cuya capital es Cartagena, el general negro Juan José Nieto, asumió la presidencia de la república de Colombia. Por dos siglos su figura ha "sido silenciada y borrada de los anales oficiales de los presidentes colombianos."[86] Su mayor aportación política fue ser parte del despertar de

---

[85] Rodríguez González, Félix. "Lenguaje de la discriminación racial. En torno a la negritud" Letras de Deusto (Bilbao, 1996) Vol. 26, no. 70: 223-230.

http://www.ucm.es/info/especulo/numero24/racismo.html

[86] Lawo-Sukan, Alain. "Acercamiento al concepto negritud en la literatura afro-colombiana" Cincinnati Romance Review, 30(Winter 2011): 39-52, p. 40.

una conciencia negra en una sociedad poscolonial americana dominada por la discriminación étnica racial.

La población negra de América tiene su principal origen en la forzada inmigración de millones de africanos que fueron vendidos como esclavos por comerciantes esclavistas de Portugal, Inglaterra, Francia y Holanda, que a su vez compraron los españoles. Sin embargo, otros llegaron de manera libre con las primeras oleadas de castellanos. "La población negra y mestiza de Sevilla, tanto esclava como libre participó en la empresa de conquista y colonización."[87] "En los navíos de Colón hubo negros y con el gobernador de las Indias Fray Nicolás de Ovando llegaron los primeros mulatos producto del mestizaje racial que ya había tenido lugar en Sevilla y Andalucía."[88]

Los castellanos vinieron a la América en busca de aventuras, gloria y fortuna, también para salvar almas, que caracterizó a los conquistadores. Entre estos hombres estaban algunos negros. Muchos esclavos fueron manumitidos en la Península, pero se les hizo difícil conseguir empleo por las restricciones que tenían los gremios de artesanos y en otros trabajos lo que les pudo forzar a buscar en el Nuevo Mundo lo que no encontraban en Castilla. "Algunos libertos vendieron los escasos bienes para abordar (los) navíos, otros mejor aconsejados invirtieron sus recursos en mercadería muy necesitada en las nuevas colonias, otros se emplearon como criados de colonos pudientes o se alistaron de grumetes (aprendiz de marinero)."[89]

---

[87] Alegría, Ricardo S., Juan Garrido el conquistador negro en las Antillas. San Juan: Ediciones Puerto/CEA, 2004, Pág. 17.

[88] Ibíd.

[89] Badillo, Jalil y López Cantosl. Puerto Rico Negro, Pág. 18

La historiografía de negros libres y libertos que durante las primeras dos décadas del siglo XVI tuvieron relevancia en las Antillas es escasa. "La isla Española era frecuentemente la vía de acceso previa y posiblemente algunos lograron su libertad allí."[90] Uno de ellos se destacó como comerciante: Francisco Gallego procedente de Castilla en 1516 a la Isla Española. El desempeño laboral de los negros libres abarca tres áreas importantes: "la minería, actividades militares propia de la conquista en la cacería de esclavos indios y otro grupo se dedicó al servicio real por lo que se comprobó que no se discriminó con el liberto."[91] Estos hombres no permanecieron por mucho tiempo en lugares fijos, pues como los otros castellanos continuaron moviéndose a la Tierra Firme en busca de mejor fortuna. También llegaron mujeres negras libres, la mayoría de ellas solteras, que también siguieron la ruta de los hombres. Al igual que con los hombres, es limitada la presencia de estas mujeres en la historiografía del período. Se sabe que laboralmente se dedicaron a diferentes tipos de trabajos domésticos que incluían lavanderas y cocineras, criadas y trabajos agrícolas, pero también sirvieron como hechiceras y concubinas. "En la primera década del mismo siglo existió en Caparra una casa de tratos dirigida por Isabel Ortiz, una blanca, en la cual se involucraron los más prominente varones cristianos, entre ellos el yerno de Juan Ponce de León."[92] El rey Carlos I concedió una cédula real el 4 de agosto de 1526 para que los oficiales y gobernador de la Isla entregaran un sitio en San Juan para la construcción de una casa de mujeres públicas y la concesión se le dio a un Bartolomé Conejo.

---

[90] Ibíd.

[91] Op. Cit., Pág. 33.

[92] Ibíd., Pág. 35-36

El documento lee:

"Bartolomé Conejo me hizo relación que por la honestidad de la ciudad y mujeres casadas della, e por excusar otros daños e inconvenientes, hay necesidad de que se haga en ella casa de mujeres públicas, y me suplicó e pidió por merced le diese licencia e facultad para que, en el sitio y lugar que vosotros le señaláredes, él pudiese edificar y hacer la dicha casa o como la mi merced fuese; por ende yo vos mando que, habiendo necesidad de la dicha casa de mujeres públicas en esa cibdad, señaléis al dicho Bartolomé Conejo lugar e sitio conveniente para que la pueda hacer, que yo por la presente, habiendo la dicha necesidad, le doy licencia e facultad para ello. E non fagades ende al.

Fecho en Granada a cuatro días del mes de agosto de 1526 años. *Yo el Rey*- Refrendada del Secretario *Cobos*- Señalada del Obispo de Osma e Canarias y Obispo de Cibdad Rodrigo.[93]"

En ella había mujeres blancas, indias y negras para servir a la población masculina sin mujeres que llegaba a la Isla. "En 1555 se puede identificar a Brígida, quien casualmente era parda joven y "puta pública de todos los que la quieren e ladrona, mentirosa e testimoniera e por tal es tenida". El patrón de las acusaciones a la transgresora no es muy distinto al de brujo manía o al que se descubre en el caso de los esclavos rebeldes en el mundo colonial."[94]

La decisión de Carlos V de otorgar a Bartolomé Conejo licencia para establecer una casa de prostitución en el Puerto Rico de San Juan, encajaba

---

[93] "Licencia para edificar una casa de mujeres públicas en Puerto Rico" Archivo General de Indias, Indiferente General, 1526-8-4, Indiferente 421, L, 11, F. 104R. Copia en el apéndice. Traducción de Mario R. Cancel Sepúlveda.

[94] http://historiapr.wordpress.com/category/historia-de-puerto-rico/

perfectamente dentro de los argumentos finamente elaborados a partir de la tradición agustiniana. Lo cierto es que existía un desbalance sexual en las tierras ante la disminución de los indios, y la limitada cantidad de mujeres blancas castellanas que llegaron al Nuevo Mundo. Por lo tanto la Corona era consciente de esa situación y la remedió con las medicinas conocidas en Europa que satisfacían las necesidades de todos los españoles llegados solteros, especialmente de los soldados que fueron eventualmente destacados en las colonias.

Ricardo Alegría estudió a un conquistador negro libre que llegó a Puerto Rico en el siglo XVI. "Juan Garrido, el conquistador negro, fue el primer negro libre conocido que llegó a América y posiblemente el primero en ser representado en la iconografía de la conquista y colonización del Nuevo Mundo."[95] Juan Garrido fue el nombre que adopto el africano al hacerse cristiano en Europa. Desde Lisboa vino al Nuevo Mundo en 1502 con Nicolás de Ovando, en 1508 se enroló en la expedición de Juan Ponce de León a Puerto Rico y viajó con él a la Florida en 1513. Para 1519 viajó con Hernán Cortés para la conquista del imperio azteca. Murió en 1536 en una expedición al sur de México. A Garrido se le asigna el haber introducido el trigo en la Nueva España o México. Otro hombre negro o mulato libre que llegó a Puerto Rico en el siglo XVI fue Pedro Mejías, que se alega casó con la cacica Yüisa y murió en un ataque Caribe a la isla junto a su esposa.

---

[95] Alegría, Ricardo. "Juan Garrido, el conquistador negro." La Revista del Centro (San Juan) no.9; Gerhard, Peter. "A Black Conquistador in México" Hispanic American HistoricalReview 58:3 (Aug. 1978): 451-459.

El mestizaje y mulataje

Esta presencia africana libre fue el comienzo para un tercer elemento en la formación racial americana y puertorriqueña. El mestizaje, resultado inicial de relaciones entre el hombre blanco y la mujer india, comenzó a desarrollarse en la América Española desde inicios del siglo XVI.

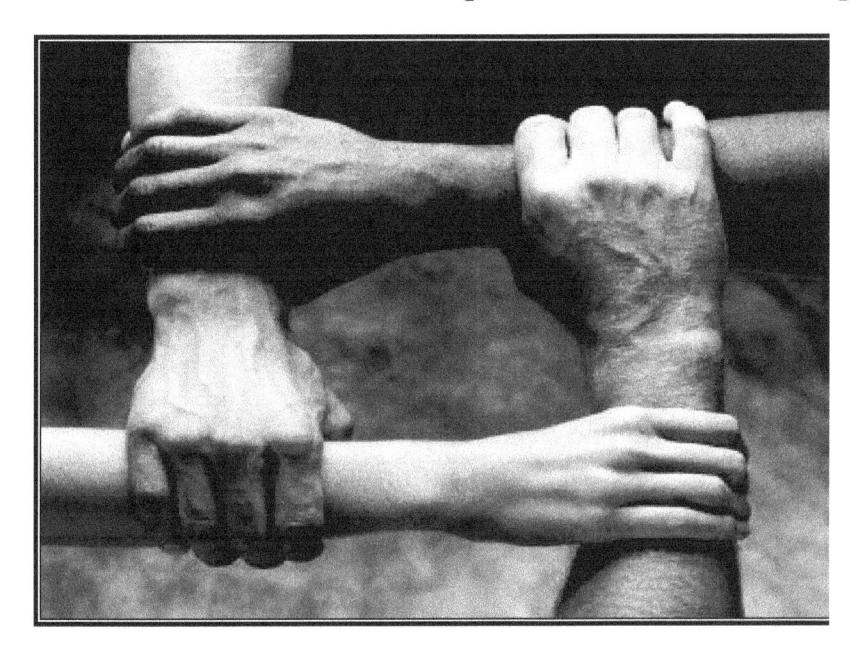

El mestizaje es el resultado inicial de las relaciones entre el hombre blanco y la mujer india.

Los españoles consideraron inferiores a los mestizos dentro de la estratificación social y del sistema de "castas" (grupos con una gran diversidad de tonos de piel). "Al finalizar el siglo XVI, con los remanentes de indios y mestizos hijos de españoles, y las corrientes migratorias de procedencia europea y de África se configuraban nuevas generaciones de descendientes de todos estos nativos de Puerto Rico y que los españoles diferenciaron como criollos."[96] Francisco Moscoso alega que en el Caribe, el concepto criollo no solo se aplicaba a los hijos de los europeos nacidos en el

---

[96] Moscoso, Francisco. "Población siglo XVI", Milagros González García, (Ed.) Tras las Huellas del Negro y Mujer Negra en la Historia de Puerto Rico, San Juan: Departamento de Educación, 2005, Pág. 262-263.

Nuevo Mundo, sino a todos los nacidos en las islas que nacían de la relación del blanco europeo, la india y la negra. Mario A. Rodríguez León determina, estudiando los registros parroquiales de Puerto Rico, que "estos estaban divididos en los diferentes grupos raciales de la población: de blancos, pardos y morenos libres, libro de los esclavos y libros mixtos de blanco, pardos y negros."[97] A continuación una descripción de la organización de los registros parroquiales y las diferentes clasificaciones.

Blancos	De padres blancos, criollos o españoles
Ladinos	Negro aculturado de la Península Ibérica
Morenos libres	Hijos de padres libres, libertos negros o mulatos
Pardos libres	Mezcla del blanco y el negro
Mulatos	Padre blanco y madre negra
Libres	Que nunca haya sido esclavo
Libertos	Esclavo que obtuvo su libertad
Esclavos	De padre o madre esclava (o)
Esclavos bozales	De procedencia africana

De acuerdo a las clasificaciones presentadas en esta tabla de los registros parroquiales de Puerto Rico, la mezcla del blanco y la india no aparece, sugiriendo que cuando estos libros se comenzaron a crear, la población indígena era minúscula o había desaparecido. El pardo y el mulato han sido considerados en las clasificaciones con similares definiciones, por lo que se puede entender que pardo y mulato en Puerto Rico tenían el mismo significado.

---

[97] Rodríguez León, Mario A. OP. Los registros parroquiales y microhistoria demográfica en Puerto Rico. San Juan: Centro de Estudios Avanzados de Puerto Rico y el Caribe, 1990. Pág. 90

Otro país caribeño donde se ha establecido una identificación de clasificaciones ha sido Santo Domingo. Desde finales del siglo XVI la población de origen africana era mayoría en ese país. La población, "se dividía en pardos, mulatos, mestizos, segundones, tercerones y cuarterones a los que se les añaden los alcatraces, los zambos y salta Patras (que) eran las divisiones que existían."[98]

Negro +	Blanco =	Mulato o pardo
Mulato +	Blanco =	Tercerón
Tercerón +	Blanco =	Cuarterón
Cuarterón +	Blanco =	Mestizo
Mestizo +	Blanco =	Blanco
Negro +	Indio =	Alcatraz
Indio +	Negra =	Zambo
Alcatraz o Zambo +	Mulato, tercerón, o cuarterón =	Grifo
Mulato	Negro	Indio oscuro
Mulato	Blanco	Indio canela
Indio canela	Negro	Grifo
Grifo	Blanco	Jabado
Indio canela	Blanco	Indio Claro o Jabado
Indio Claro o lavado	Blanco	Blanco sin orejas[99]

De acuerdo a estas clasificaciones aparece el concepto de mestizo como el resultado de la mezcla de una persona casi blanca con un blanco. Por lo visto esta clasificación determinó las formas de la negritud dominicana.

---

[98] Fradique, Lizardo. Cultura Africana en Santo Domingo, Santo Domingo: Sociedad Industrial Dominicana, 1978. Pág. 16

[99] Ibíd., Pág. 19-20

También en la Nueva España se clasificaron las castas, de manera similar a la encontrada en la española. Es posible que en los otros territorios españoles de América, clasificaciones similares hayan sido hechas pero las mismas no son fáciles de conseguir, si es que existieron.

De	Con	Resulta	De	Con	Resulta
Español	India	Mestizo	**Indio**	Mulato	Lobo
Mestizo	Española	Castizo	**Indio**	Lobo	Cambujo
Castizo	Española	Español	**Indio**	China	Albarazada
Español	Negra	Mulato	**Albarazado**	Negra	Cambujo
Español	Morisca	Albino	**Cambujo**	India	Sambaigo
Español	Albina	Tornatrás	**Cambujo**	Mulata	Albarazado
Español	Tornatrás	Tente en el aire	**Sambaigo**	Loba	Calpamulato
Mulato	Española	Morisco	**Calpamulato**	Cambuja	Tente en el aire
Morisco	Española	Chino	**Tente en el Aire**	Mulata	No te entiendo
Chino	India	Salta Atrás	**No te entiendo**	India	Tornatrás
Salta Atrás	Mulata	Lobo	**Indio**	Negra	Sambaigo
Lobo	China	Gíbaro	**Indio**	Mestiza	Coyote
Gíbaro	Mulata	Albarazado	**Indio**	Coyote	Indio

Castas en la Nueva España

La tabla anterior, que proviene de la Nueva España, se utilizó para poder identificar las personas que iban surgiendo de las mezclas de blancos, indios y negros en diversas combinaciones. Una vez se llegó a 26 combinaciones con nombres, y nuevas combinaciones aparecían, el intento de clasificación fracasó. No era posible entender ni catalogar la diversidad humana que surgía en América. Como se puede ver, se dan combinaciones similares a las de Puerto Rico y la española, sin embargo se nota que en las caribeñas el elemento indígena no aparece. Sin embargo en la isla de Cuba una marcada huella de indígena. El autor Ramiro Guerra señala que," para el siglo XVIII se consolidó una élite criolla descendientes de los primeros colonizadores entre los cuales abundaban los mestizos de mujeres indígenas y españoles, estos no repudiaban la unión legítima con las indias.[100]" Los nacidos de mujeres negras, las mezclas se consideraban ilegítimas por estimados en planos inferiores en el orden legal y la vida cotidiana de las indígenas. De estas combinaciones es que se originaron los nombres y apelativos que se utilizan en las Américas en referencia a las razas.

Mulatos libres en Puerto Rico

Para la primera mitad del siglo XVII aparecen en la isla mulatos libres que participaron en la formación de la historia de la Isla de Puerto Rico. Uno de estos fue Miguel Enríquez, hijo de Graciana Enríquez, mulata casi negra. Ella "adoptó los apellidos de Leonor Enríquez, su ama."[101] Su abuela materna había nacido en Angola, pero de su padre no se tienen noticias. Se infiere que su abuelo debió ser un hombre blanco, al ser parda su madre. Miguel se destacó como un gran comerciante, además de recibir licencia de corso puertorriqueño por parte del gobernador y contribuir contra la piratería de países enemigos de España. José Campeche, "el artista puertorriqueño más destacado de los tiempos del gobierno español,"[102] hijo

---

[100] Guerra, Ramiro. Manual de Historia de Cuba desde el descubrimiento hasta 1868. La Habana: Editorial Pueblo y Educación. 1980. Pág. 177-178

[101] López Canto, Ángel. "Miguel Henríquez: infancia y juventud" Tras Las Huellas… pp. 348-370, Pág. 349.

[102] Vidal, Teodoro. "José Campeche: nota biográfica" Óp. Cit., pp. 420-432., p. 420.

de un negro liberto Tomás Rivafrecha y Campeche, "apellido que se atribuye al Canónico de la Catedral de San Juan Don Juan Rivafrecha a inicios del siglo XVII."[103] La madre, María Jordán Márquez de Islas Canarias, se casó con Tomás quien se desempeñaba como dorador (el que tiene por oficio dorar). "Tomás ejercía oficio de dorador, adornista y pintor por lo que el arte de la pintura de José Campeche lo aprendería del taller de su padre."[104]

Felipe Espada era otro mulato que se destacó como escultor en el siglo XVIII. Nació en San Germán, pero "de la familia poco se sabe excepto que eran de linaje humilde descendientes con toda probabilidad de esclavos."[105] Dice Teodoro Vidal que lo anterior se infiere porque sus datos aparecen en los libros parroquiales llamados de "pardos y negros, de libres y esclavos."

Para finales del siglo XVIII, Celestina Cordero, mulata, se destacó como maestra en San Juan. Ella era la hermana, por tres años, mayor que el famoso Rafael Cordero, por lo que fue "él quien siguió los pasos de convertirse en maestro como su hermana"[106] Celestina se dedicó a la enseñanza de las niñas en la escuela del cabildo de San Juan. La escasez y falta de recursos para la enseñanza era parte de las limitaciones que tuvo que enfrentar por lo que solicito al cabildo se habilitara apropiadamente su escuela como otras existentes; solicitud que le fue denegada. "Esta enfrentó los miembros del cabildo ante la negativa de su solicitud."[107] Como mujer

---

[103] Ibíd., Pág. 362.

[104] Tapia y Rivera, Alejandro. Vida del pintor puertorriqueño, José Campeche, San Juan: Junta de Comercio de Puerto Rico 1855, Pág. 5

[105] Vidal, Teodoro. "Felipe de la Espada: escultor sangermeño" Tras las Huellas…Pág. 433-43, pág. 433.

[106] Jack & Irene, Delano. Maestro Rafael Cordero, San Juan: Editorial Universidad de Puerto Rico, 1994 Pág. 28

[107] Ibíd.

Celestina mostró entereza de carácter al enfrentar a dichos funcionarios. La dedicación por la enseñanza la llevo a la entrega total de tal efecto que la salud mental se afectó hasta perder la razón. "Rafael Cordero a la larga tuvo que hacerse cargo de su hermana Celestina al perder la memoria."[108]

El negro cimarrón y su liberación

Huir fue una de las formas del esclavo para conseguir la libertad rápida y demostrar que perderla no era una opción. El concepto de "cimarrón" se aplicaba en España al ganado que huía a los montes y se convertía en salvaje. Al utilizarlo con los esclavos, el concepto cambio su connotación. En América "los negros y negras que huían a los montes humanizaron la palabra cimarrón."[109] El tema de los cimarrones ha sido visualizado desde una perspectiva social, donde se ha considerado que, "la historia de los cimarrones aún no ha sido escrita en su totalidad, pero su historia es significativa."[110]

El negro se convirtió a través de la América en una figura heroica, al huir a los montes y selvas para protegerse de la esclavitud. En numerosas ocasiones fundaron poblados y centros urbanos desde los cuales se protegían y atacaban a los blancos. Así luchaban por la libertad y rechazaban la injusticia y la condición servil a las que se les intentó someter. Se dieron casos donde algunos huyeron de los amos sin ninguna violencia, otros en

---

[108] Rivera Abad, Oscar, OSB., Vida y obra del maestro Cordero: Apóstol de la educación, San Juan: Circulo Maestro Cordero, 2010 Pág. 81.

[109] Nistal-Moret, Benjamín, Esclavos prófugos cimarrones, Puerto Rico 1772-1870. San Juan: Editorial Universidad de Puerto Rico, 2000. Pág. 20

[110] Duchet, Michelle. Antropología e Historia en el siglo de la luces, México: Ediciones Siglo XXI S.A.,1988 Pág. 122

que la violencia fue la única forma de escapar. Por llevar a cabo estas acciones se convirtieron en "prófugos" de la justicia blanca. En Puerto Rico, la cimarronearía probablemente ocurrió desde el siglo XVI, pero para la década de 1840 se había terminado.[111]

"En 1664 se puso en vigor un decreto por la autoridades españolas que trataba de alentar a esclavos prófugos de Antillas Menores a conseguir la libertad al llegar a Puerto Rico, siempre que juraran fidelidad al soberano de España."[112] Dicho decreto contribuyó a aumentar la población de negros libres en la Isla. En 1714 un grupo de 80 prófugos llegaron a la Isla provenientes de Santa Cruz. El gobierno tomo provisiones de ayuda con ellos y para que no se convirtieran en una carga, y "con el propósito de convertirlos en ciudadanos útiles a la sociedad insular se procedió a concederle dos cuerdas de terreno a cada uno."[113] Las acciones del gobierno de la isla se rego por todas las Antillas Menores, por lo que muchos negros esclavos optaron por llegar a Puerto Rico en busca de libertad. El gobierno español, que mantenía tensas relaciones poco amigables con Holanda e Inglaterra, mantuvo su política de puertas abiertas para todos los esclavos fugitivos de las islas adyacentes bajo el control de esos países.

Sin embargo los casos de esclavos fugitivos no sólo se daban en las islas adyacentes, sino que en Puerto Rico también una situación similar donde esclavos buscaban la libertad fugándose. Las fuentes señalan que a comienzos del siglo XIX, esclavos de Puerto Rico intentaban huir en yolas

---

[111] NistalMoret, Benjamín. "Prólogo a Esclavos prófugos y cimarrones, Puerto Rico, 1770-1870" Tras las huellas…pp.491-507. Pág. 496.

[112] Rivera Quiñones, Eladio y Alegría, Ricardo S. Historia y Cultura de Puerto Rico, San Juan: Fundación Francisco Carvajal,1999 Pág. 38

[113] Díaz Soler, Historia de la Esclavitud Pág. 233

hacia el Santo Domingo donde existía la libertad de los esclavos desde 1801.[114]

La cimarronearía fue una de las formas de alcanzar la libertad. Esta también se obtuvo cuando un esclavo denunciaba una conspiración de esclavos. Por lo visto, esta acción fue en detrimento a las posibles rebeliones de esclavos en la Isla.[115] Por lo que podemos inferir que esto pudo haber contribuido a aumentar la población libre en la isla. Las leyes españolas permitían que los esclavos trabajaran por su cuenta para comprar su libertad o la de los suyos.

Compra o manumisión

En Puerto Rico se dieron un sinnúmero de casos de compra de libertad que se encuentran registrados. José Yoismo de Ponce tenía una esclavita de nombre Fabia de dos años y medio y Doña Francisca González le pagó 150 pesos por su libertad.[116] Vicente Margarida de San Juan tenía un esclavito de 8 años, su hijo, que tuvo con la negra Paula Morales, y quien le pagó 200 macuquinos para liberarlo.[117] Arturo Pacheco de San Juan, tenía una negra esclava de nombre Rosa Robinson y Doña María Belén Vázquez viuda, le pagó 130 pesos para liberarla por el afecto y cariño que le tenía.[118] Doña Carmen Rodríguez tenía una esclava mulata de nombre Josefa de 50 años

---

[114] Nistal-Moret, Pág. 238-241. La libertad de esclavos en Santo Domingo ocurrió por orden de Toussaint L´Ouvertoure, cuando bajo órdenes franceses tomó las tierras españolas de la isla en 1801.

[115] Baralt, Guillermo A. Esclavos Rebeldes, conspiraciones y sublevaciones de esclavos en Puerto Rico (1795-1873), San Juan: Ediciones Huracán inc.1981 Pág. 71

[116] Caso #1: AGPR-Protocolos Notariales Ponce (19 de junio de 1800) Caja 34, Folio 118.

[117] Caso #2: AGPR-Protocolos Notariales San Juan (27 de junio de 1845) Caja 437.

[118] Caso #3: AGPR-Protocolos Notariales San Juan (02 de junio de 1845) Caja 437.

que compró su libertad pagando 140 pesos.[119] Don Anastasio Fuste, comandante de las milicias del Partido de Ponce, tenía una esclava de nombre María de las Nieves, que se ganó la Real Lotería y pudo pagar 400 pesos macuquinos por tener libertad.[120] Doña María Vallenilla, tenía una negra esclava de nombre Felipa de 50 años, procedente de Curazao que compró su libertad por 300 pesos.[121] Doña María del Rosario tenía una esclava de nombre Juana Nepomuceno de 12 años, cuya madre Blasina, liberta se la compró por 400 escudos para darle la libertad.[122] El esclavo Isidro de 56 años de Guayanilla le pagó a su amo, Don Antonio Marcial, 150 pesos por su libertad.[123] Don Pedro Localy le pagó 250 pesos a Don Enrique Cabrera de Guayanilla por la libertad de su esclava negra llamada Andrea de 32 años.[124] Por último, la familia del esclavo Manuel Ruiz, perteneciente a la Sucesión de los Hermanos Guillermo y Enrique Cabrera, pagó 250 pesos por la compra de su libertad.[125] La coartación era otra forma de los esclavos y esclavas obtener la libertad. Algunos esclavos no conseguían todo el dinero para comprar su libertad y entonces lograban con sus amos una coartación. Esta consistía en que el esclavo "podía pagar el precio de su libertad en

---

[119] Caso #4: AGPR-Protocolos Notariales San Juan (01 de septiembre de 1845) Caja 437.

[120] Caso #5: AGPR-Protocolos Notariales Ponce (25 de mayo de 1855) Caja 1965.

[121] Caso #6: AGPR-Protocolos Notariales Ponce (16 de mayo de 1860) Caja 1967, Pág. 56.

[122] Caso #7: AGPR-Protocolos Notariales San Juan (09 de abril de 1866) Caja 34, Folio 118.

[123] Caso #8: AGPR-Protocolos Notariales Ponce (08 de julio de 1870) Caja 1974. Pág. 200.

[124] Caso #9: AGPR-Protocolos Notariales Ponce (marzo de 1871) Caja 1974, Pág. 65.

[125] Caso #10: AGPR-Protocolos Notariales Ponce (1 de septiembre de 1871) Caja 1974, Pág. 135.

Cabe destacar que los pagos efectuados por la compra de libertad de los esclavos, durante la primera mitad del siglo XIX los menores de 9 años y mayores de 50 eran bastante similar, los primeros por ser menores y no estar en edad de producción y los segundos por haber dado lo mejor de su vida útil.

plazos."[126] Don José M. Ruíz hizo una coartación con su esclava Juana por 50 pesos.[127] Don José Manuel Hernández coartó a su esclava Josefa.[128] Doña Delma Ortiz coartó a sus Juliana en 100 pesos y Rita en 50 pesos después de su muerte.[129]

La manumisión testamentaria fue otra forma de obtener la libertad. Esta fue bastante común en la Isla. El amo o ama concedía esa libertad por voluntad testamentaria usando diversas razones, entre ellas, la fidelidad y los servicios personales que había realizado un esclavo o esclava. Algunos de los casos estudiados siguen a continuación. Don Ceferino de la Rosa otorgó a la esclava María del Rosario, su libertad y todos los bienes que poseía, de manera que ella heredó dinero y propiedades.[130] Doña Juana Martin de Quiñones entregó a su muerte la libertad a sus tres esclavos José de la Cruz, Juan Bautista y Fermín.[131] Don Benjamín Arellano expresó en su testamento darle la libertad a esclavita Juana quien había nacido en su casa.[132] Don Juan Bautista Monpeaux hizo a su esclava Teresa Bebe libre y heredera universal de sus bienes.[133] Don Federico González testó para que al morir su esclava María quedara libre, además de nombrarla albacea de todos sus bienes en reconocimiento a sus cuidados.[134] Don Antonio Negrón dio la

---

[126] Díaz Soler. Hisoria de la Esclavitud Pág. 227

[127] AGPR-Protocolos Notariales San Juan (3 de julio de 1845) Caja 437, Pág. 282.

[128] AGPR-Protocolos Notariales Ponce (23 de septiembre 1859) Caja 1967, Pág. 284.

[129] AGPR-Protocolos Notariales Ponce (2 de octubre de 1859) Caja 1967, Pág. 34.

[130] Caso #11: AGPR-Protocolos Notariales San Juan (26 de junio de 1826) Caja 631, Loíza

[131] Caso #12: AGPR-Protocolos Notariales San Juan (1 de octubre de 1829) Caja 632, Folio 360, Loíza.

[132] Caso #14: AGPR-Protocolos Notariales Ponce (7 de febrero de 1845) Caja 437.

[133] Caso #15: AGPR-Protocolos Notariales San Juan (20 de julio de 1846) Caja 437, Folio 6-V-8, Fajardo.

[134] Caso #16: AGPR-Protocolos Notariales Ponce (Enero-Diciembre 1859-1860) Caja 1967, Pág. 337.

libertad a su esclava Ventura por los buenos servicios prestados y para su felicidad.[135] Doña Monserrate García dio libertad a las esclavas que eran hermanas Silvestra y Faustina, por buenos servicios y fiel comportamiento.[136] Don Blas Torres de Ponce, otorgó la libertad a su esclava María del Rosario.[137] Don Hipólito Tricoche liberó a su esclavo Agustín al morir.[138] Don Francisco Ventura le dio la libertad a su esclava Tomasa.[139] Y de la misma manera los señores Torruella, Valentín Tricoche y Luis Toro liberaron a sus esclavos Santa,[140] Margarita[141] y Miguel.[142]

Otros esclavos fueron liberados por la buena voluntad de sus amos o por no poder tenerlos más bajo su manutención. La manumisión se definía con un documento "que certificaba que el esclavo o esclava es libre."[143] Son varios los casos de manumisión registrados en los Protocolos Notariales del siglo XIX. Doña Micaela Padrón manumitió a su esclava María Concepción Aguilar por cariño y afecto, además que le dejó todos los utensilios y objetos personales que tenía.[144] El cura Don Juan Nepomuceno del pueblo de Loíza tenía una esclava de nombre Bonifacia Fernández de 40 años de edad a la

---

[135] Caso #17: AGPR-Protocolos Notariales Ponce (2 de abril de 1859) Caja 1967, Pág. 91.

[136] Caso #18: AGPR-Protocolos Notariales Ponce (22 de octubre de 1864) Caja 34, Folio 118, Pág. 247. AGPR-Protocolos Notariales Ponce Caja 2692-1836-1857

[137] Serie 1169-1836

[138] Serie 470-1840

[139] Serie 948-1840

[140] Serie 384-1845

[141] Serie 88-18846

[142] Serie 103-1846

[143] Díaz Soler. Historia de la Esclavitud Pág. 228

[144] AGPR-Protocolos Notariales San Juan (3 de marzo de 1826) Caja 631, Serie 1826-1830, Loíza.

que dio la carta de libertad, bajo la condición que continuara sirviéndole mientras él viviera.[145] La viuda Doña Claudina Cueto manumitió a su esclava Anastasia de 45 años, de nación Carabalí, luego de servirle por treinta años.[146] La viuda Doña Antonia Arismendi decidió liberar a su esclavo Ramón a quien había visto nacer, cuando cumpliera 25 años y después regresaría al África.[147] Doña Teresa Aguilar otorgó la libertad a su esclavita Cayetana, por el cariño que le profesaba y los buenos servicios de su madre.[148] Don José Mariani y don Marcos Carazo dieron la libertad a su esclava Pascuala de 36 años, heredada de su padre, por la buena atención y servicios dados a él.[149] Don José Mayoral manumitió a su esclava, una mulata criolla de 25 años.[150] Don José M. Fernández manumitió a su esclava mulata de 17 años llamada Felicita por el cariño que le profesaba.[151] Doña Teresa Cepeda hizo lo mismo con su esclava Ramona.[152] Don Alejandro Pons y su madre Agustina libertaron a su esclavita Pra Pérez, pero al parecer esta era una menor y la pusieron bajo la tutela y favor de Don Jacinto Baldomero que le proveería alimentos y vestimenta hasta que fuera mayor de edad.[153] Doña Vicenta Romero libertó a su esclavo Ramón, un mulato criollo de 15 años.[154] Don José Linero dio la libertad a su esclava Tomasa y a sus hijos

---

[145] AGPR-Protocolos Notariales San Juan (27 de octubre de 1843) Caja 634.

[146] AGPR-Protocolos Notariales San Juan (22 de enero de 1845) Caja 437, Pág. 34.

[147] AGPR-Protocolos Notariales San Juan (21 de enero de 1845) Caja 437, Folio 27.

[148] AGPR-Protocolos Notariales San Juan (16 de abril de 1847) Caja 452, Pág. 80.

[149] AGPR-Protocolos Notariales San Juan (16 de agosto de 1847) Caja 439, Pág. 84.

[150] AGPR-Protocolos Notariales Ponce (25 de mayo de 1859) Caja 1967, Pág. 66.

[151] AGPR-Protocolos Notariales Ponce (3 de septiembre de 1859) Caja 1967, Pág. 284.

[152] AGPR-Protocolos Notariales San Juan (16 de marzo de 1866) Caja 34, Folio 118, Pág. 260.

[153] AGPR-Protocolos Notariales San Juan (16 de abril de 1866) Caja 34, Folio 118, Pág. 377-379.

[154] AGPR-Protocolos Notariales Ponce (2 de agosto de 1870) Caja 1974, Pág. 222.

mulatos Domingo de 34 años, Benita de 9 años y Natividad de 6 años por el cariño que le profesaba. Estos podían perfectamente haber sido sus hijos.[155] Don Pedro Vitoreo libertó a su esclavo africano de 50 años de nombre Evaristo, que estaba invalido.[156] Don Nicolás Márquez liberó a su esclavo africano Mendé, de 38 años la libertad, y le dio 350 pesos. Luego en su testamento le dejó otros 250 pesos.[157]

Ivette Pérez Vega estudió el caso de la liberta Juana María Escávale, negra criolla de Ponce. Ella fue esclava entre 1818 y 1825, cuando su amo Don Fernando Overman, un rico comerciante y hacendado del barrio Aguas Prietas de Ponce le dio la libertad, pero no le dio la carta de manumisión, permitiéndole vivir en la hacienda. En su testamento, Overman le dejó 2,000 pesos para que se comprara un cafetal o platanal, acompañándolos con una pensión de 200 pesos de por vida. También libertó a la hija de Juana, una niña de 6 años llamada María Teresa de Jesús, pero con la condición de que permaneciera en su casa mientras el amo viviese. Overman envió la niña a los Estados Unidos pero cuatro años después ella regresó por no poder aprovechar como él quería el tiempo usado.

La liberta Juana María compró unas 20 esclavas entre 1825 y 1832, todas entre las edades de 11 a 23 años. En su último testamento Overman le dejó a Juana María otra pensión de 300 pesos anuales, un terreno, muebles, caballos y todo cuanto se encontraba dentro de la casa. Para 1845, Juana María era una rica hacendada con una estancia de 48 cuerdas cañas y frutos menores, un capital de 5,000 pesos, 10 esclavos, y una producción de 400

---

[155] AGPR-Protocolos Notariales Ponce (25 de agosto de 1870) Caja 1974, Pág. 46.
[156] AGPR-Protocolos Notariales Ponce (9 de junio de 1871) Caja 1974.
[157] AGPR-Protocolos Notariales Ponce (9 de mayo de 1871) Caja 1974, Pág. 129-131.

pesos anuales con pagos al erario de 20 pesos de tributo. El caso sentó precedente como una de las libertas propietarias destacadas en las primeras tres décadas del siglo XIX. Tomando en cuenta que era una mujer analfabeta, mostró ser inteligente y negociante, y se pudo codear entre su grupo económico sin que se conozca de prejuicio racial hacia ella.[158]

Otra forma de conseguir la libertad fue mediante en la pila bautismal. En 1848, el gobernador Juan de la Pezuela redujo a 25 pesos macuquinos el tributo para redimir esclavitos de la pila bautismal.[159] En 1858 se fundó una Sociedad Secreta en el oeste de la Isla, compuesta por Segundo Ruiz Belvis, Ramón Emeterio Betances, José Basora, José Remigio Práxedes y Salvador Brau con el objetivo de "rescatar la libertad de los niños esclavos mediante el pago de 25 pesos al amo en el acto del bautismo."[160] De esas se fueron numerosas las que lograron hacer.[161]

Ley Moret

(Libertad de Vientres)

La ley Moret o de vientres libres fue parte del proyecto español de abolición de la esclavitud. Con esa ley no podrían nacer ya más esclavos en territorio de España. "De modo que todos los nacidos de madres esclavas...serian libres a partir del 17 de septiembre de 1868."[162] Los amos de

---

[158] Pérez Vega, Ivette. "Juana María Escávale, liberta" Homines, (Universidad Interamericana) San Juan: Volumen 23-25 (2003-2004), Pág. 34-40

[159] Díaz Soler. Historia de la Esclavitud Pág. 229

[160] Cancel, Mario R. Segundo Ruiz Belvis, el prócer y el ser humano, Mayagüez: Editorial Universidad de América, Centro de Estudios Avanzados, 1994 Pág. 28

[161] Ibíd., Pág. 62-63

[162] El proceso abolicionista en Puerto Rico Vol. 1. San Juan: Centro de Investigaciones Históricas, Facultad de Humanidades, Universidad de Puerto Rico, 1974 Pág. 446

las esclavas madres de esos niños iban ser indemnizados con cierta cantidad de dinero. También permitía que todos los esclavos que cumplieran 60 años queden libres sin indemnización alguna. Y todos los esclavos que no aparecieran en el censo de 1869 por ley iban a quedar libres.

La lucha por la abolición total en Puerto Rico tuvo grandes defensores en la Isla y en España. El mulato libre Román Baldorioty de Castro planteó la pobre visión legislativa de los que no deseaban la abolición ante las Cortes en Madrid:

"Los que niegan la libertad al esclavo, los que se complacen en remachar sus cadenas, podrán tener una piel muy blanca; pero su conciencia señores, señores diputados es más negra que la piel del etíope a quien se niegan a redimir."[163]

Tras la caída de Isabel II en 1868 y la llegada de la Primera República en 1870 se dieron cambios políticos que vieron con agrado la abolición. Uno de los diputados a Cortes, Don Pedro Cisa Cisa presentó el 16 de noviembre de 1872 una medida que disponía que, "las leyes de la Península fueran extendidas a las provincias ultramarinas quedando abolida la esclavitud en las Antillas por el sólo hecho de ser dominio de españoles."[164] Un mes más tarde, la sociedad abolicionista española, "el 27 de diciembre de 1872 preparó el proyecto que pondría definitivamente fin a la abolición."[165] Esta se dictó el 22 de marzo de 1873. La libertad total se había alcanzado.

---

[163] Díaz Soler, Historia de la Esclavitud Pág. 304

[164] Díaz Soler. Óp. cit Pág. 328

[165] El proceso abolicionista, Pág. 430-431.

Un poderoso movimiento de puertorriqueños consiguió la abolición de la esclavitud el 22 de marzo de 1873.

El negro y la negra libre en América tuvieron sus inicios desde los comienzos de la colonización europea. El negro y la negra libre tuvieron que adaptarse a nuevos ambientes para que sus vidas fueran desarrollándose paulatinamente social, económica, política y culturalmente. Al comenzar la conquista y la colonización llegaron primero negros libres, llamados ladinos, y más tarde esclavos directamente desde África conocidos como bozales.

En Puerto Rico, la población de negros libres fue creciendo y fue creándose una sociedad mulata por la mezcla entre la negra y el blanco. El negro fue cambiando de nombres que eran transformaciones como persona: ladino, bozal, esclavo, pardo, negro y mulato. Al comenzar el siglo XIX, la presencia del negro y la negra libre crecía aportando más a la formación de la identidad puertorriqueña. La libertad se logró tras un poderoso movimiento puertorriqueño para conseguir la abolición de la esclavitud el 22 de marzo de 1873 en las Cortes de España. "Para esa fecha la población total era de 617,328 habitantes,"[166] pero solamente quedaban unos 30,000 esclavos representando solamente un 5% del pueblo. Sin embargo, el tamaño de la población esclava no representa el tamaño de la población negra o mulata de la Isla. El próximo tema tratamos la población negra libre en los censos.

---

[166] Díaz Soler, óp. Cit Pág. 336

La Libertad Negra

En Los Censos Del Siglo XIX

De acuerdo a ese censo las mujeres libres eran más numerosas que los varones, pero las esclavas eran la mitad de los hombres esclavos.

Capítulo III

LA LIBERTAD NEGRA EN LOS CENSOS DEL SIGLO XIX

Durante los primeros tres siglos de la colonización de Puerto Rico, la isla se pobló paulatinamente. Los habitantes originales, indios tainos, desaparecieron censalmente para el siglo XVII apareciendo solamente los españoles y negros libres que formaron la base demográfica después de la conquista. Se contaron también los nuevos esclavos que aparecen como parte de la economía y del gasto.

Los soldados que llegaban a Puerto Rico se unían con mujeres de color o negras y formaban familias.

La evolución demográfica de la Isla fue muy lenta entre 1530 y 1765 cuando se hizo imparable. La llegada de soldados, las constantes inmigraciones de Europa, de Sur América y de otras islas del Caribe contribuyeron al aumento poblacional de la Isla. "Detrás de ese cambio substancial en la ocupación del territorio insular hubo un desmesurado crecimiento poblacional más rápido que la isla había registrado desde la conquista española."[167]

Durante la segunda mitad del siglo XVIII ocurrieron varios eventos trascendentales internacionales que marcaron la historia a nivel mundial. Uno de estos eventos fue la Revolución Industrial en Inglaterra cuando se iniciaron las bases de la formación del capitalismo industrial. Otro fue la independencia de las trece colonias americanas en 1776, y la consecuente creación de una república federada y democrática en el mismo año que bajo las consignas de libertad, igualdad y fraternidad ocurrió la Revolución Francesa en 1789, con su derivada revolución anti-esclavista de Haití en 1791 y la formación de la primera República Negra del mundo.

Este último acontecimiento tuvo un notable impacto en las Américas, pero particularmente en las Antillas Mayores.[168] Los grandes hacendados franceses del café, el cacao, el azúcar y otros frutos que generaban una enorme riqueza se enfrentaron al medio millón de esclavos que deseaban su libertad, bajo el liderazgo de Toussaint L´Ouvertoure. En 1794 alcanzaron ese anhelo tras haberle hecho guerra a los blancos, muchos de los cuales huyeron del Saint Domingue, hacia las posesiones españolas de Santo Domingo, Cuba y Puerto Rico, donde recomenzaron sus negocios agrícolas.

---

[167] Picó, Fernando. Historia General de Puerto Rico. Río Piedras: Ediciones Huracán Inc. 1986 Pág. 113.

[168] James, C. L. R., Los jacobinos negros, ToussaintL´Ouvertoure y la revolución de Haití, Madrid: Fondo de Cultura Económica, 2003.

Haití nació en 1804, luego que las tropas haitianas doblegaron el orgullo militar blanco francés. Esta acción fue fundamental para el rol de revolucionario negro que desde ese momento y por algún tiempo se le achacó al nuevo país. La migración francesa a la Isla tuvo un poderoso aliciente para la economía.

El crecimiento poblacional en Puerto Rico tuvo entre sus causas las reformas de políticas económicas del Rey Carlos III de España. Este entendía que la población era la base de la riqueza, por lo que había que incrementar la natalidad, estimular los matrimonios jóvenes y la inmigración de gente hacia las Antillas. Ángel López Cantos señala en un artículo "que el ejército fue el que con mayor fuerza contribuyó al avance demográfico, si bien hay que considerarlo, más como un continuo goteo, que torrente caudaloso, además los soldados que llegaban se unían con mujeres de color o negras formando familias."[169]

Este tipo de uniones fue criticada por funcionarios militares, pues varios coroneles llevaron las quejas a Madrid acusando a las autoridades eclesiásticas de la isla de que para evitar que los soldados anduviesen en pecado amancebados, los desposaban a las mujeres con las que vivían en desigualdad por ser de "color." También violaban una orden real que disponía que para casarse tenían que contar el aval de sus superiores. Además muchos de esos soldados en ocasiones se dieron de baja en el ejército. "Cada soldado se arranchó con una negra o mulata, que se llamaba su casera."[170] Estos hombres jóvenes alejados de su país y en tierra caliente no tenían que vivir en los cuarteles sino que podían tener una vida más normal que como soldados de ultramar.

---

[169] López Cantos, Ángel, "A propósito de la población" en Tras Las Huellas del Hombre… Pág. 403.
[170] Delano, Jack & Irene. El Maestro Cordero. Pág. 3.

La política borbónica para aumentar la población en América en la segunda década del siglo XVIII se refleja en numerosas órdenes para traer familias canarias, por ejemplo, a diversos territorios de las Antillas y del continente.[171] Entre 1720 y 1730 se intensificó el crecimiento poblacional en la isla. Tras la visita de O´Reilly a Puerto Rico se estableció una tendencia poblacional aumentando el número de blancos y negros libres. "A finales del siglo 18 la sociedad criolla puertorriqueña estaba constituida por los descendientes de aquellos heterogéneos pobladores."[172] De manera que Puerto Rico comenzó a adquirir una identidad social criolla propiamente de una gran población de negros y negras y blancos libres.

Durante el siglo XIX se diferenciaron más el sistema de clases sociales y categorías socioeconómicas que existían. Los cambios políticos, sociales y económicos que fueron ocurriendo dieron a la Isla una sociedad poblada, dinámica y productiva. El examen de los Censos que han quedado en la historiografía del país, permite examinar con cierto grado de verdad la presencia de los diversos grupos humanos de la Isla en especial el negro y la negra libre.

Censo 1765

En 1765 la población total calculada por el Informe del Mariscal Alejandro de O´Reilly para la Isla era de 44,883 personas. Esta población estaba

---

[171] Morales Padrón, Francisco. "Colonos Canarios a Indias." Anuario de Estudios Americanos, Tomo VIII, (Sevilla) 1951: 399-441. Pág. 84; y "El comercio canario-americano, siglos XVI, XVII y XVIII". Sevilla, Estudios de Historia Americana, 1955, pág. 198.Consejo de Indias a Consulado de Sevilla. Madrid, 24 de febrero de 1696. Archivo General de Indias, Santo Domingo, 276.

[172] Picó, Fernando. Libertad y servidumbre en el Puerto Rico del siglo XIX. San Juan: Ediciones Huracán Inc. 1979

Pág. 14

desglosada de forma general en dos clasificaciones: condición social y sexo. O´Reilly hace varias observaciones de interés. Plantea una cierta homogeneidad social en la isla, pues encuentra que no había unas diferencias de clase, entre los sectores libres, como era en la Europa de la cual venía o en las otras colonias que había visitado. También comentó que los blancos no tenían problemas raciales al mezclarse con los "pardos."

Censo 1765 / Tabla I

Condición	Hombres	Mujeres	Niños (as)	Total
Libres	10,968	11,497	17,381	39846
Esclavos	3,439	1,598	--------	5,037
Población			18,979	44,883

Alejandro O´Reilly, Relación circunstanciada del actual estado...[173]

De acuerdo a ese censo las mujeres libres eran más numerosas que los varones, pero las esclavas eran la mitad de los hombres esclavos. De igual manera los niños de ambos sexos libres eran más que los hombres o mujeres libres y el número total de niños (a) era casi la mitad del total de adultos. Esto tiende a indicar un aumento futuro de la población libre de la isla. El número de esclavos era bajo. El esclavo dependía del amo para su manutención, de igual manera los hijos de los esclavos, por lo tanto el tenerlos conllevaba una carga económica para el amo, que muchos no estaban dispuestos o no podían asumir.

---

[173] Abbad y la Sierra, Fr. Iñigo. Historia geográfica, civil y natural de la Isla de San Juan de Puerto Rico. (Anotada por José Julián Acosta y Calbó) Puerto Rico: Imprenta y Librería de Acosta, 1866. Pág. 297-298.

Censo 1776

Fray Iñigo Abbad y Lasierra escribió lo que se considera un primer libro de historia de Puerto Rico. En uno de sus primeros capítulos presenta un examen de la población puertorriqueña que está examinando. Sus comentarios son muy interesantes sobre la relación entre las castas (grupos raciales) de la isla.

"Los Europeos de diferentes naciones que se han establecido en esta Isla, la mezcla de estos con los indios y los negros y los efectos del clima...han producido diferentes castas de habitantes que se distinguen en su color, fisonomía y carácter."[174]

"Los mulatos, de que se compone la mayor parte de la población de esta Isla, son los hijos de blanco y negra...Los negros que hay en esta Isla, unos son traídos de las costas de África, otros son criollos, hijos o descendientes de aquellos sin mezcla de otra casta, los primeros son todos vendidos como esclavos; de los segundos hay muchos libres." [175]

Esta edición del texto también presenta "un censo más detallado por clases, género, blancos, pardos libres, negros libres y esclavos de los treinta pueblos de la isla de Puerto Rico"[176] para el 1776. En éste además incluyó una clasificación de agregados que, al no existir definición clara de grupo racial o condición, y ser la mayoría de la población mulata como seres libres.

---

[174] Ibíd. Pág. 398.

[175] Ibíd. La negrilla es mi énfasis.

[176] Abbad y Lasierra, Iñigo. Historia geográfica, civil y natural de la isla de San Juan Bautista de Puerto Rico, (Anotada por José Julián de Acosta y Calvo) Madrid: Ediciones Doce Calles, 2002; pág. 365-367.

Censo de 1776 / Tabla 2

	Blancos	Pardos libres	Negros libres	Esclavos	Agregados	Totales
Hombres	5,376	5,196	693	3,384	4,451	19,100
Mujeres	4,663	6,149		3,153	3,434	17,929
Hijos	9,929	11,349	858	------	------	22,136
Hijas	9,295	11,114	722	------	------	21,131
Totales	29,263	33,808	2,803	6,537	7,885	80,296

Preparada de acuerdo a las tablas encontradas en Abbad y Lasierra, Hist... págs. 298 - 299[177]

El número de hombres blancos registrados es de 5,376, los niños eran 9,929, las mujeres 4,663 y las niñas 9,295. El número total de blancos era de 29,163. Si se compara la población de pardos libres, niños, mujeres y niñas con los blancos, se encuentra que las mujeres pardas eran más numerosas. También los niños pardos eran de ambos sexos eran más numerosos que los blancos. La población parda libre sobrepasaba por 4,545 a la blanca. Los negros libres eran unos 2,803, un porcentaje muy pequeño de la población libre y la población esclava era un 10% del total.

En el censo aparecen unos 7,885 agregados. Resulta difícil identificar el grupo étnico o social de los agregados o como también se les llamaba "no propietarios," por la diversidad que los componía. Entre ellos había libertos y polizontes que venían en las flotas. "A estos grupos mencionados en viajes a América se podían añadir también un número de hijos de crianzas, hijos naturales, ahijados y parientes."[178] Por lo heterogéneo de los agregados, la

---

[177] Los números que tiene la tabla de Abbad y Lasierra dan un total equivocado puesto que hemos encontrado que debe ser una población total de 80,296 habitantes y no de 70,260 como se indica en el texto.

[178] Picó, Libertad y Servidumbre. Pág. 62

clasificación resulta imprecisa, sin embargo usando el comentario de Abbad, la mayoría era probablemente parda o mulata.

A finales del siglo XVIII, los cimientos sociales de la identidad estaban formados por "la sociedad criolla puertorriqueña constituida por los descendientes de aquellos heterogéneos pobladores."[179] Era evidente que el crecimiento poblacional continuaría su aumento así como el de la población libre. Las fuentes revisadas indican que "muchos esclavos compraron su libertad con su trabajo y los censos demuestran que la población "libre" iba en un robusto aumento sobre la esclava a lo largo del siglo 19."[180]

Censos 1782 – 1790 / Tabla 3

Año	Población	Año	Población
1782	81,120	1791	112,712
1782	87,994	1792	115,537
1784	91,845	1793	120,022
1785	93,300	1794	127,133
1786	96,233	1795	129,758
1787	98,877	1796	132,982
1788	101,398	1797	138,758
1789	103,051	1798	144,525
1790	106,679	1799	153,232

Tomado de Abbad, Historia, 1866..., pág. 299

Pedro Tomás de Córdova, secretario del gobernador Miguel de la Torre, dejó en sus memorias un resumen de los censos tomados entre 1782 y 1799.

---

[179] Picó óp. Cit Pág. 14

[180] Díaz Quiñones, Arcadio. "Tomás Blanco: Racismo" Tras las huellas del negro y la negra..., pág. 36

Durante todo el siglo XVIII se fundaron treinta y cuatro pueblos, la mayoría de estos en la parte noroeste de la isla. Sin embargo, el aumento poblacional fue admirable ya que entre 1782 con unas 81,120 personas, casi una década más tarde, en 1790 aumentará la población general a 106,679 personas y que las 112,712 personas del 1791 crecieran en 1799 a 153,232 personas. La natalidad abundante, una emigración constante y las condiciones de salud parecen haber realizado ese milagro demográfico.

Las Memorias de Pedro Tomás de Córdova también presentan un resumen de censos de los primeros quince años del siglo XIX. Los datos incluidos son valiosos que permite entender como el crecimiento poblacional implicaba también un crecimiento de la sociedad libre versus la esclava en el país. José Julián Acosta, anotó estas cifras en sus comentarios al texto de Abbad, casi como una historia del siglo XIX añadida a la anterior.[181]

Censo 1800-1815

Censos 1800-181 / Tabla 4

Año	Población
1800	155,426
1801	158,051
1802	163,192
1803	174,902
1812	183,014
1815	220,892

Abbad, 1866…p.300

---

[181] Probablemente para evitar la censura que hacía el gobierno español a los libros escritos con cualquier comentario que reflejara críticas al sistema o al gobierno.

En el período de 1800 a 1815 hay indicaciones que el aumento anual de la población fue de 4,364 personas. Sin embargo, el crecimiento poblacional no estaba a la par del crecimiento económico de la isla. Las críticas hechas por O´Reilly al sistema económico trajeron cierta respuesta del rey Carlos IV permitiendo cierto grado de liberación del comercio, pero todavía la Isla no tenía un ingreso directo importante de sus relaciones comerciales. Gran parte de las tierras de la Isla estaban baldías o en manos de individuos privilegiados por el estado o la iglesia. El comercio con España era limitado por los puertos habilitados desde 1778 y el contrabando continuaba ocurriendo por toda la Isla.

Cambios económicos

Cuando el puertorriqueño Ramón Power fue electo a las Cortes de Cádiz se hicieron una serie de cambios que lograron unas mejoras al país. Especialmente fue la Ley Power del 28 de Noviembre de 1811. Esta ley derogaba el tributo de abasto forzoso, la libre importación de harinas y la exportación de ganado vacuno pagando solamente un 2 ¼ peso por cabeza, además ordenó la habilitación de los puertos de Aguadilla, Mayagüez, Cabo Rojo, Ponce y Fajardo. También se estableció la Sociedad Económica de Amigos del País. En 1812 el gobernador Salvador Meléndez Bruna ordenó la emisión de papel moneda, para de esa manera intentar cubrir lo que el "situado" había dejado descubierto.[182] Algunas decisiones que tomaba el gobierno de la isla en relación a la moneda resultaban exitosas. Las fuentes

---

[182] El Situado Mexicano se envió a la Isla para asuntos administrativos entre 1586 y 1810. Al desaparecer se tenían que desarrollar medios locales de generar ingresos.

estudiadas señalan que, "la acción de crear papel moneda trajo una desvalorización de la moneda al extremo que para junio de 1814 los comerciantes se negaron aceptarlo."[183]

Una medida que vino a remediar la situación económica del país fue la Real Cédula de Gracia de 1815.[184] Esta estatuyó por quince años una serie de reglas de inmigración, de libertad económica. Ella propició la inmigración e inversión de colonos europeos y americanos. La Cédula permitía a los negros libres que se establecieran con sus familias en la isla, y les otorgaba tierras para cultivar, dándoles también derecho para tener sus esclavos.

El período entre 1818 y 1834 marcó una época de importancia en la historia de Puerto Rico. La economía, especialmente de la caña de azúcar, la inmigración y la importación de esclavos fueron aumentando. Se eliminaron una serie de restricciones que limitaban el desarrollo económico de la isla, como fue el impuesto que se cobraba sobre los materiales de labranza. Ante la pérdida de las grandes colonias españolas en el continente, España puso mayor atención en sus colonias antillanas y asiáticas.

Pedro Tomás de Córdova elaboró un censo en 1834. En este se puede ver como la población de la isla mantiene un enorme crecimiento. El censo solamente separa la población en términos generales por raza y condición, incluyendo esta vez soldados y presidiarios sin distinguir entre ellos.

---

[183] Díaz Soler, Pág. 105

[184] La Cédula de Gracias de Fernando VII fue hecha con varias expectativas: mejorar las condiciones económicas de Cuba y Puerto Rico, eliminar la posibilidad de rebeliones de independencia, servir como modelo para que las colonias en rebeldía aceptaran regresar al seno de España al ver lo bueno que era el estado español.

Censo 1866 / Tabla 5

Blancos	188,869	52.7%
Morenos Libres	126,399	35.2%
Esclavos	41,818	11.7%
Tropas y Presidiarios	1,750	0.4%
Totales	358,836	

Abbad, 1866...p. 301

El censo refleja un aumento de la población blanca, el 52.7%, siendo ya la más numerosa. Sin embargo, los morenos libres componían el 35.2%, lo que les hacía muy relevantes dentro del total de la población. Los esclavos eran el 11.7%; esa población esclava en éste censo era diez veces mayor que en el censo de 1765, sin embargo su porcentaje dentro del total solamente había aumentado un dos por ciento sobre el porciento de 1776. Los soldados y presidiarios solamente constituían el 0.4%, indicando una limitada presencia militar en la Isla con sus secuelas sociales.

Censo 1820-1830

Jorge D. Flinter, soldado irlandés, llegó a la isla expulsado de Venezuela en 1829 y permaneció en ella hasta 1832. Durante los tres años que vivió en Puerto Rico libre de un clima de política y guerra y usando como fuentes documentales las **Memorias** de Pedro Tomás de Córdova y la **Historia geográfica, civil y natural** de Iñigo Abbad, escribió dos libros sobre Puerto Rico. El primero, **"A View of the Present Condition of the Slave Population in the Island of Puerto Rico Under the Spanish Government"** fue publicado en Filadelfia en 1832. En ese mismo año también se publicó en la versión española, **Examen del estado actual de**

los esclavos en la isla de Puerto Rico bajo el gobierno español, lo que significó una de las grandes hazañas editoriales en la bibliografía puertorriqueña. El otro trabajo de Flinter fue publicado en Londres en 1834 y titulado **"An Account of the Present State of the Island of Porto Rico."** Esta obra circuló en Londres y fue una reseñada en la prestigiosa revista **"The Monthly"** de esa ciudad. En ella, Flinter demuestra la conveniencia y felicidad que los esclavos disfrutan en la isla y otras colonias españolas. Flinter pensaba que las revoluciones habían sido muy negativas y confía que esta no ocurra en Puerto Rico. Flinter incluyó en el primer libro un censo que realizó mientras permaneció en la isla, para conocer exactamente cuál era la situación empírica de la cantidad real de los esclavos en la isla.[185]

Tabla 6: Censo 1820-1830

Años	Blancos	Mulatos Libres	Esclavos	Total
1820	102,432	212,920	21,730	337,082
1830	162,311	254,574	34,240	451,125

Flinter, Jorge. Examen del estado actual de los esclavos de la Isla de Puerto Rico.

"Conforme a los documentos oficiales existentes en el archivo de gobierno, entre 1820 y 1830, se calcula que la población era de 451,125, que se desglosa en blancos, mulatos libres y esclavos."[186]

De acuerdo a los datos presentados, para 1820, la población de mulatos libres era algo más del doble de la blanca. Para el 1830 aumentó la población

---

[185] Flinter, Jorge. *Examen del Estado Actual de los Esclavos en la Isla de Puerto Rico*, San Juan: Instituto de Cultura Puertorriqueña/Editorial Coquí, 1976. Pág. 16.

[186] Ibíd., Pág. 73

libre siendo entonces una y media vez más numerosa que la blanca. Estos datos también reflejan una disparidad en los números totales para la isla entre Córdova y Flinter. La disparidad es de unos 92,289 habitantes. Resulta interesante esta disparidad, pues puede ser el reflejo de un interés de gobierno por blanquizal más la población en el caso de Pedro T. de Córdova o de asociar cierto color de piel particular como blanca, siendo el español versus una percepción racial distinta de los ojos de Flinter o unas fuentes distintas.

Censo 1846

Bajo la Comisión Central de Estadísticas, creada en 1845 y presidida por el Brigadier de Artillería D. Santiago Fortun se hicieron varios censos que tienen un mayor carácter de confiabilidad que los anteriores. El censo realizado en 1846 fue clasificado por género y condición social.

Censo de 1846 / Tabla 7.

Población	Varones	Hembras	Totales	%[187]
Blancos	109,061	107,022	216,083	48.8%
Pardos libres	76,728	77,572	154,300	34.8%
Morenos id	10,360	11,131	21,491	4.8%
Pardos esclavos	6,366	6,674	13,040	2.9%
Morenos id	21,908	16,317	38,225	8.6%
Totales	224,423	218,716	443,139	99.9%

Iñigo Abbad, Historia..., 1866 pág. 302

---

[187] La columna de porcientos fue hecha por la autora de la tesis.

De una población total de 443,139, la población blanca sumaba 216,083, en segundo lugar está la de pardos libres con 154,300, pero si se junta con el reglón de morenos que son 21, 491 suman unos 175,791 hombres y mujeres mulatos libres o un 39,8% del total. Los esclavos continúan siendo un porcentaje menor del total de población pues sumando pardos esclavos y morenos esclavos dan 51,265 lo que es 11.6% de toda la población. Sin embargo, si sumamos el total de esclavos y de seres libres se constituyen en el 51.2% de la población, de manera que para ese año, ambas razas se encontraban en una paridad en la Isla. Estos datos indican que el crecimiento de la población de los negros libres en los primeros cuarenta y seis años del siglo XIX en comparación con la blanca fue numeroso.

El negro y la negra libre, con una presencia numerosa en la Isla, tenían que tener lógicamente participación en todos los ámbitos sociales, económicos y culturales del país. Sus huellas estaban formadas en la formación de la identidad puertorriqueña. Si para la elite dominante, el negro libre o esclavo era solamente visto como un instrumento de producción o inferior social, peligroso como elemento de sedición, era parte esencial de sociedad en gestación.

Censo 1860

Un Real Decreto del 30 de septiembre de 1858 ordenó la celebración de un Censo en la Isla. El gobierno creó una comisión que se encargó de llevarlo a cabo entre el 25 y 26 de diciembre de 1860 en Puerto Rico y Vieques. Los resultados fueron publicados por el Secretario de la Comisión, el Comandante del Estado Mayor, D. Paulino García, en la **Memoria referente a la Estadística de la Isla de Puerto Rico.** La isla se encontraba dividida en Departamentos y la Capital siendo ese el esquema en que se presentó del Censo. Los departamentos eran Mayagüez, Arecibo,

Aguadilla, Ponce, Guayama, Humacao, Bayamón y la Capital. El Censo demostró que la población de la Isla continuaba en un aumento constante con consecuencias sociales valiosas.

Censo de 1860 / Tabla 8.

Población	Varones	Mujeres	Totales	%
Blancos	154,360	146,080	300,440	51.5%
Color Libre	120,397	126,618	247,065	42.4%
Esclavos	21,668	20,068	41,736	7.2%
Sin clasificar	----------	----------	127	
Totales	296,425*	286,766	583,308	

Iñigo Abbad, Historia…1866. Pág. 303[188]

Resulta interesante que en este censo se une a pardos y mulatos libres y se les llama "de color libre." Los blancos habían aumentado su presencia en la isla para el año 1860 siendo el 51.5% del total versus 47.8% catorce años antes. Al restar los de "color libres" de los blancos se encuentra una diferencia de 53,375 blancos más. Sin embargo, a 13 años de la abolición de la esclavitud, y sumando la población esclava a los libres de color, puesto que los esclavos, unos 36,000 fueron liberados en 1873, la diferencia entre ambos grupos era solamente de 11,639, una diferencia de un 5%. Las 127 personas que no fueron clasificadas en ese censo dejan una gran interrogante, pues no se explica a que pudo responder.

El censo de 1860 también provee porcientos por género y condición que permiten examinar el estado social del país en ese momento.

---

[188] Error en la suma de totales. Primera columna debe ser 296,425.

Censo de 1860 por género / Tabla 9

	Varones	Mujeres
Blancos	51.38%	48.62%
Libres de color	49.95%	50.05%
Esclavos	51.91%	48.09%

Iñigo Abbad, Historia..., 1866 Pág. 303

Los porcientos apuntan a una diferencia de género de un 2% a favor de los hombres blancos sobre las mujeres blancas, pero no de las libres. La diferencia entre los negros libres y los blancos era un 1.43% menor que los blancos. En el caso de los esclavos también el número de hombres era mayor que el de mujeres esclavas. Esto era un reflejo de relaciones de concubinato siendo posibles más en el caso de las mujeres libres.

El Cólera y su Censo

El cólera (morbo) fue una epidemia que se originó en la región del Río Ganges en la India. Es una infección aguda del intestino "delgado", producido por una bacteria que se transmite a través de comida o aguas contaminadas. Las personas infectadas pueden experimentar vómitos, diarrea, deshidratación rápida, calambres en las piernas y en el abdomen. De no tratarse con prontitud, las personas corren el riesgo de morir. El cólera se propagó a través de Asia llegando a Europa y en la década de 1830, murieron unas 102,500 personas solamente en España.

A pesar de que el gobierno de la Isla tomo medidas para evitar el contagio inspeccionando los barcos que llegaban de Europa a los puertos de la isla, en noviembre de 1855 el cólera apareció en Naguabo. La historia del cólera en Puerto Rico ha sido excepcionalmente bien por la Dra. Ramonita Vega Lugo donde ella logra exponer, todas las medidas tomadas contra la epidemia especialmente en el oeste de la isla, pero lo datos afirman que la epidemia se cebó principalmente entre los grupos más pobres. El número mayor de muertos se dio entre los esclavos.[189] La historia oral del país señala que fue el pueblo de "Morovis" fue el único que no se afectó.

Eduardo Newman Gandía escribe en su libro **"La Verdadera y Autentica Historia de la Ciudad de Ponce"**, presenta un censo donde se refleja que unas 26,820 personas murieron durante la epidemia. El censo establece el número de muertos desglosado por color y sexo."[190]

Censo del cólera / Tabla 10.

Muertos	Varones	Hembras	Total	%
Blancos	3,394	2,347	5,741	36.8%
Color Libre	8,695	6,915	15,610	63.2%
Esclavos	3,549	1,920	5,469	35%
Totales	15,638	11,182	26,820	

Newman Gandía, Eduardo. Verdadera y autentica historia de la Ciudad de Ponce.

En este censo se indica como el número la población de color libre y los esclavos fueron los que más sufrieron la epidemia, sumando un 63.2% y 35% por ciento respectivamente. Otro trabajo de historia de Nelly Vázquez Sotillo presenta, otro censo de defunciones en varios partidos de la Isla reflejando el mismo patrón que el Censo de Newman.

---

[189] Vega Lugo, Ramonita. "Epidemia y sociedad: efectos del cólera morbo en Puerto Rico y Consta Rica a mediados del siglo XIX" Diálogos (Número especial) Revista electrónica de historia, Universidad de Costa Rica, 2008. http://historia.fcs.ucr.cr/articulos/2008/especial2008/articulos/02-ciencia/10.pdf. Ver también a Cancel R. Mario, Segundo Ruiz Belvis, San Juan: Editorial Universidad de América/Centro de Estudios Avanzados, 1994.

[190] Newman Gandía, Eduardo. Verdadera y Auténtica Historia de la Ciudad de Ponce, (1913), San Juan: Instituto de Cultura Puertorriqueña, SE 1987, (Edición facsimilar).

Tabla parcial de defunciones de la epidemia del cólera en 1857

	Arecibo	Aibonito	San Germán	Mayagüez	Morovis	Ponce	Total
Mujeres blancas		1	142	79	1	84	307
Hombres blancos	159		233	140	2	160	694
Mujeres de color		2	598	523	-------	352	1,475
Hombres de color	1,122	4	882	489	-------	378	2,875
Mujeres esclavas			249	184	-------	276	709
Hombres esclavos	314	1	371	154	1	457	1,298
Total	1595	8	2,475	1,569	4	1,707	7,358

Tomado de Vázquez Sotillo, Nelly. Historia al margen de la Historia, Mayagüez, s.n. 2010. Pág. 106

Los datos de la tabla reflejan que la mayoría de los muertos por la epidemia ocurrió en las ciudades de San Germán y Mayagüez, que eran los de mayor población del grupo presentado. También refuerza que la mortalidad fue mayor entre la población de personas libres y esclavos.

Uso de censos urbanos.

Para esta investigación sobre la población negra libre del siglo XIX se pueden utilizar otros datos censales que permiten conocer el tamaño de la población de hombres y mujeres negros puertorriqueños en ciertos momentos. Una fuente de gran riqueza censal se encuentra en las Memorias de Pedro Tomas de Córdova. A continuación se hace un desglose de los censos preparados para el año de 1828 siguiendo el patrón del texto.[191]

Ciudad de San Juan / Tabla 11.

Población	Varones	Mujeres	Total	%
Blancos	1,862	2,285	4,147	36.1%
Pardos y Morenos	1,168	2,003	3,171	28.1%
Esclavos	738	1,137	1,875	16.3%
Guarnición y Presidio			2,291	19.9%
Total			11,484	

Córdova, Memorias..., págs. 24-25

La población blanca era mayoritaria. Si se suman el número de blancos y los soldados que había en la plaza, suman el 56% del total. Los pardos y morenos eran el 27.7%, y junto al número de esclavos representaban el 44.4%. Los hombres, uniendo a los soldados de la guarnición y el presidio suman 6, 059. Las mujeres, sin los soldados, hubieran sido más numerosas que los hombres, pero solas suman 4,288 almas.

Coamo / Tabla 12.

Población		Varones	Mujeres	Total	%
		1,502	1,178	2,680	
Blancos H y M	617				2.3%
Pardos Morenos H y M	1,613				60%
Esclavos H y M	75				.02%

---

[191] Córdova, Pedro Tomás de, Memorias geográficas, históricas, económicas y estadísticas de la Isla de Puerto Rico. (Tomo 2) San Juan: Instituto de Cultura Puertorriqueña/ Editorial Coquí, 1968.

Agregados H y M	375				1.4%
Total	2,680	1,502	1,178		

Córdova. Pág. 377

El 60% de la población de Coamo era de pardos y morenos. Los blancos sólo llegaban a un 2.3%, los esclavos sólo eran un .02% y los agregados tenían un 1.4%. En la población por género, los varones eran más numerosos que las mujeres. Los morenos libres constituían la mayoría. Se puede inferir que un porciento de esta población mayoritaria tenía tierras y posesiones, aunque deben haber constituido la fuerza trabajadora.

Trujillo Bajo

El barrio se fundó en 1636 y se conoció como San Miguel de Trujillo Bajo. Existen dos versiones de cómo se nombró el pueblo. Una versión es oral. Se relata que una negra que estaba lavando en el río fue atacada por un negro que intento violarla. Ella clamó a San Miguel, protector de los negros esclavos, para que la protegiera. El ángel apareció salvándola del peligro.[192] La otra es lógica pues era un barrio del pueblo de Trujillo Alto.

Trujillo Bajo / Tabla 13

Población		Hombres	Mujeres	Total	%
		866	835	1,701	
Blancos	521				30.7%
Morenos	982				57.8%
Esclavos	198				1.1%
Total	1,701	866	835		

Córdova, Pág. 46

---

[192] Sr. Ramos Oscar encargado Archivo Histórico de Carolina. Tomada el 3 de Marzo de 2012.

La población de mulatos libres era la mayoría con el 57.8%. La blanca sólo era 30.7%. El número de esclavos era bajo en 1.1%.

Añasco / Tabla 14

Población		Varones	Mujeres	Total	%
		4,893	4,991	9,884	
Blancos	5,004				50.7%
Morenos	1,904				19.2%
Esclavos	627				6.3%
Agregados	2,349				23.8%
Total	9,884	4,893	4,991		

Córdova. Pág. 187-188

La mayoría de la población era blanca con un 50.7%. Los morenos libres tenían el 19.2%, pero aquí aparece un apartado para los agregados que en número eran más que los negros con un 23.8%. Los esclavos eran sólo un 6.3% de la población. Como pueblo de gran producción azucarera, la presencia de los agregados era mucho más abundante que los que la de los negros libres y de los esclavos.

Río Piedras / Tabla 15.

Población		Mujeres	Varo	Total	%
		1,457	1,450	2,907	
Blancos	452				15.6%
Morenos Libres	1,486				51%
Esclavos	969				33.3%
Total	2,907	1,457	1,450		

Córdova, Pág. 50

En este censo, el porciento mayor de la población era de morenos libres con un 51%. Los blancos de Río Piedras eran sólo el 15.6% de la población. El número de esclavos era alto pues constituían el 33.3%. Esta población tan cercana a la Capital estaba compuesta por morenos libres y esclavos que producían en las haciendas del partido cultivando café, algodón, frutos menores y la crianza de ganado.

Guaynabo / Tabla 16.

Población		Varones	Mujeres	Total	%
		1,627	1,437	3,064	
Blancos	1,283				41.9%
Pardos y Morenos libres	1,531				50.9%
Esclavos	125				4%
Agregados	125				4%
Total		1,627	1,437	3,064	

Córdova. Pág. 56-57

Los pardos y morenos libres eran la mayoría de la población con el 50.9%, mientras que los blancos eran el 41.9 por ciento. Esto nos indica que los poblados cercanos a la capital tenían un porciento de mulatos más alto. Los esclavos y agregados competían por ser la minoría.

Loíza / Tabla 17.

Población		Varones	Mujeres	Total	%
		2,158	2,040	4,198	
Blancos	556				13.3%
Pardos y Morenos libres	1,847				44.9%
Esclavos	742				17.7%
Agregados	1,053	2, 158	2, 040	4, 198	25%

Córdova. Pág.35

En este partido, el 44.9% de la población era de pardos y morenos libres. Los agregados componían el 25% y los esclavos era 17.7% como tercer grupo de la población. Sin embargo, los blancos tan sólo alcanzaban un 13.3%.

San Germán / Tabla 18

Población		Varones y Mujeres	Total	%
		28,292	37,643	
Blancos	28,292			52%
Morenos libres	5,623			13.0%
Esclavos	3,463			6.3%
Extranjeros	265			.6%

Córdova. pág.189 [193]

En el Partido de San Germán, los blancos constituían el 75.1% de la población con un alto número de esclavos, aunque solamente 9.1% del total. Los pardos y morenos libres eran el 15.3%. Por la importancia urbana y comercial de San German se contaba un número interesante de extranjeros aún cuando solamente representaban un .6%.

Guayama / Tabla 19

Población		Varones	Mujeres	Total	%
		3,724	4,150	7,974	
Blancos	1,777				22.2%
Morenos libres	2,705				34.2%

---

[193] Cita. La suma total de la clasificación de la tabla es de 37,643 las memorias Córdova para 1828 el total de la población que registró es de 54,309 por lo que no concuerda con el total de población.

Esclavos	2,373				29.8%
Agregados	1,019	3,724	4,150	7,974	12.8%

Córdova. Pág.272-274

En este pueblo los morenos libres eran el 34.2%. Si se une ese número con el de los esclavos de 29.8%, la población negra y mulata de Guayama era superior a los blancos quienes representaban solamente el 22.2%. Los agregados tenían bastante participación poblacional debido a la riqueza que allí se generaba. Es interesante que el número de mujeres sea mayor que el de los hombres.

Utuado / Tabla 20

Población		Varones	Mujeres	Total	%
		2,119	2,294	4,413	
Blancos	2,247				51%
Morenos Libres	1,824				42.3%
Esclavos	200				0.4%
Agregados	148	2,119	2,294	4,413	0.3%

Córdova. Pág. 131-132

Los blancos eran 51%. Pero la población de morenos libres se les acercaba con un 42.3%. Tanto esclavos como agregados representaban un pequeño por ciento del total. La clase libre representaba ser una fuerza social, con especial presencia en el área laboral ya que los esclavos eran escasos al igual que los agregados.

El Pepino o San Sebastián / Tabla 21

Población		Varones	Mujeres	Total	%
		4,506	4,132	8,632	
Blancos	6,702				70.8%

Morenos libres	750				8.8%
Esclavos	415				4.9%
Agregados	765				8.9%
Total	8,632	4,506	4,132	8,632	

Córdova. Pág.182-183

Otro partido donde la población blanca era mayoría con el 70.8%. Pero había una población negra y mulata libre de un 8.8%. Los agregados aparecen en todos estos censos como si fueran un grupo étnico. Se puede inferir que la mayoría de esos agregados eran trabajadores mulatos.

Ponce / Tabla 22

Población		Varones	Mujeres	Total	%
		7,648	7,279	14,927	
Blancos	4,326				29.3%
Morenos libres	5,910				39.6%
Esclavos	3,204				21.4%
Agregados	1,487				10.7%
Total	14,927	7,648	7,279		

Córdova. Pág.250-255

Para ese momento, la población étnicamente estaba bastante balanceada, porque aunque los blancos eran el 29%, los morenos libres eran la mayoría de la población en 39.6%. Nuevamente se encuentra una población con un alto número de esclavos siendo el 21.4%. La región tenía una fuerza laboral negra libre mayor que la esclava y que en otras partes del país.

Yauco / Tabla 23.

Población		Varones	Mujeres	Total	%
		5,790	5,315	11,105	
Blancos	516				22.7%
Morenos libres	7,487				67.9%
Esclavos	834				7.5%
Agregados	268				0.2%
Total	11,105	5,790	5,315		

Córdova. Pág. 236-237

Aquí definitivamente el 67.9% de la población era de morenos libres, tres veces más que el número de la población blanca. Los esclavos eran solamente el 7.5%. Y el número de agregados era minúsculo en comparación con otros pueblos de la región.

Cangrejos

En 1664, una Real Cédula dio la libertad a todos los esclavos fugitivos de las Antillas Menores que escaparan de territorios daneses, ingleses y holandeses. Al principio, se les dieron tierras en el barrio extramuros de Puerta de Tierra, pero al continuar creciendo la población de cimarrones, se les creó su propia jurisdicción en Cangrejos. La concesión de esas tierras les permitió estabilidad social y económica. El poblado se fundó alrededor de la ermita de San Mateo y continuo creciendo como una población de negros y negras libres.[194] En el 1759, se organizaron en Cangrejos dos compañías de

---

[194] Coll y Toste, Cayetano. Boletín histórico de Puerto Rico. Volumen VII, San Juan: Editorial Cantero y Cía. 1914 Pág. 140

milicias con 120 hombres de un total de 66 compañías y 5,011 soldados que había en Puerto Rico en el siglo XIX. En 1760, "el capitán, Pedro Cortijo, de la compañía de morenos, compuesta por 53 mulatos y negros, solicitó oficialmente la separación de Cangrejos como un partido independiente de Rio Piedras." [195] Es por primera vez en la historia de Puerto Rico que un negro libre solicita funda su propio pueblo.

Tabla 24. Cangrejos

Población	Varones	Mujeres	Total	%
	313	458	771	
Blanco	22			0.2%
Morenos libres	609			79.9%
Esclavos	114			1.4%

Córdova, pág.62-63

Lógicamente, la mayoría de la población estaba compuesta por morenos libres, algunos de los cuales tendrían esclavos que representaban el 1.4%. También había blancos siendo 0.2%. Cangrejos es otra población donde las mujeres eran más que los varones. No había agregados, lo que puede significar que la producción agrícola estaba totalmente en manos de los morenos libres y de los esclavos.

Mayagüez / Tabla 25

Población		Varones	Mujeres	Total	%
		9,157	9,110	18,267	
Blancos		7,758			42.4%

---

[195] Torres Ramírez, Bibiano. La isla de Puerto Rico (1765-1800), San Juan: Instituto de Cultura Puertorriqueña ,1968 Pág. 17

Morenos libres	3,499				19.1%
Esclavos	3,860				21.1%
Agregados	3,150				17.2%
Total	18,267	9,157	9,110		

Córdova. Pág. 208-209

Mayagüez en ese momento era una población con mayoría blanca, pero si se suman los morenos libres y los esclavos y agregados, en realidad étnicamente era negra. También significa que esos tres grupos componían la base laboral amplia que necesitaba el puerto.

Rincón / Tabla 26

Población		Varones	Mujeres	Total	%
		2,008	2,248	4,556	
Blancos	2,558				56%
Morenos libres	750				16.4%
Esclavos	181				3.0%
Agregados	367				8.0%
Total	4,556	2,008	2,248		

Córdova. Pág.174-175

Rincón también era un pueblo blanco con el 56% del total. Había unas 240 mujeres más que hombres.

Cabo Rojo / Tabla 27

Población		Varones	Mujeres	Total	%
		4,835	5,400	10,235	
Blancos	4,201				41%
Morenos libres	3,439				33.7%
Esclavos	851				0.8%

Agregados	1,744				17.0%
Total	10,235	4,835	5,400		100%

Córdova. Pág. 216-220

En Cabo Rojo, los blancos tenían una leve ventaja a los morenos libres, pero el número de esclavos era ínfimo en el total de los vecinos. Los agregados eran más numerosos que los esclavos y ello resulta muy interesante, pero no se tienen respuestas posibles sin estudios de campo a esa población. Las mujeres eran mayoría como población.

Moca / Tabla 28

Población		Varones	Mujeres	Total	%
		2,876	3,028	5,906	
Blancos	3,607				61%
Morenos libres	362				6%
Esclavos	625				10.6%
Agregados	1,312				22.2%
Total	5,906	2,876	3,028		

Córdova. Pág. 178-179

Lo que hace interesante el censo del pueblo es el alto número de agregados. Estos eran hombres y mujeres libres que podían ser tanto blancos como negros o mulatos. En este pueblo los blancos tenían el 61%, mientras que los morenos libres sólo eran el 6%. Probablemente en la mano de obra de las actividades agrícolas, los agregados tenían la mayor participación. Las mujeres eran más que los varones.

Fajardo / Tabla 29.

Población		Varones	Mujeres	Total	%
		2,054	2,063	4,117	

Blancos	1,671				40.6%
Pardos y Morenos	1,570				38.1%
Esclavos	367				.08%
Agregados	509				1.2%
Total	4,117	2,054	2,063		

Córdova. Pág. 304-5

Nuevamente un balance étnico en el Este. El 40.6% de la población era blanca, los pardos y morenos tenían el 38.1%, solamente 2.5% menos que los blancos. Los esclavos eran solamente el .08%, los agregados eran el 1.2% de la población. Se infiere que los morenos libres eran la base de la fuerza trabajadora.

Cayey / Tabla 30.

Población		Varones	Mujeres	Total	%
		1,861	1,777	3,638	
Blancos	1,968				54%
Pardos y Morenos	976				27.0%
Esclavos	555				15.2%
Agregados	297				.08%
Total	3,638	1,861	1,777		

Córdova. Pág. 353-4

Otra población balanceada. El 54% de la población era blanca, pardos y morenos libres le seguían con un 27% y los esclavos con un 15.2%. Se infiere que el trabajo agrícola está en manos de los pardos, morenos y esclavos, siendo mínima la presencia de los agregados.

Vega Alta / Tabla 31

Población		Varones	Mujeres	Total	
		962	1,020	1,982	%
Blancos	490				24.8%
Pardos morenos	645				32.6%
Esclavos	41				.02%
Agregados	806				40.7%
Total	1,901	962	1,020		98.12%

Córdova. Pág. 86

En este pueblo, agregados y pardos constituían el grupo más numeroso de la población, en con un 73% del total. La presencia mayoritaria implica una participación mayor en el comercio y la riqueza del partido. Los esclavos eran el grupo ínfimo de la población. Las mujeres eran más que los hombres.

Caguas / Tabla 32

Población		Varones	Mujeres	Total	
		4,440	4,441	8,581	%
Blancos	3,252				36.7%
Pardos morenos	2,962				33.3%
Esclavos	808				9%
Agregados	1,854				20.9%
Total	8,881	4,440	4,441		

Córdova. Pág.338-9

También aquí se encuentra un balance étnico. Los blancos son algo más numerosos que los pardos morenos por un margen tan sólo de 3.4%. Los agregados, sin embargo, representaban 20.9% un porcentaje relativamente alto. Nuevamente se infiere el trabajo agrícola fuera realizado por los agregados y morenos libres.

Vega Baja / Tabla 33

Población		Varones	Mujeres	Total	%
		1,439	1,163	2,602	
Blancos	1,337				51.3%
Pardos morenos	462				17.7%
Esclavos	167				6.4%
Agregados	635				24.4%
Total	2,602	1,439	1,163		

Córdova. Pág. 90

Los blancos eran el 51.3% de la población. Igual que en la Vega Alta, el grupo de los agregados es importante al ser más numerosos que los pardos y morenos que eran el 17.7%.

Aguadilla / Tabla 34

Población		Varones	Mujeres	Total	%
		4,068	4,302	8,370	
Blancos	5,483				65.6%
Morenos libres	918				11.7%
Esclavos	1,306				15.7%
Agregados	643				7.7%
Total	8,370	4,068	4,302		

Córdova. Pág. 166-167

Otro pueblo del oeste donde los blancos tenían la mayoría amplia con el 65.6% de la población. Los morenos libres eran solamente un 11.7% siendo superados por los esclavos con un 15.7%. Es interesante notar que varias de las poblaciones del oeste tenían mayor número de mujeres que de hombres.

Aguada / Tabla 35

Población		Varones	Mujeres	Total	%
		3,062	3,199	6,261	
Blancos	4,938				78.9%
Morenos libres	539				8.7%
Esclavos	309				5%
Agregados	475				5.8%
Total	6,261	3,062	3,199		

Córdova. Pág. 161-162

Una población blanca con casi el 80% del total. Los morenos libres, agregados y esclavos constituían la masa trabajadora de Aguada. Las mujeres eran mucho más que los hombres.

Arecibo / Tabla 36.

Población		Varones	Mujeres	Total	%
		4,743	5,222	9,963	
Blancos	4,862				48%
Pardos y morenos	3,901				39%
Esclavos	915				9.1%
Agregados	285				2.9%
	9,963	4,743	5,222		

Córdova. Pág. 10

Una población más equilibrada étnicamente. En Arecibo el por ciento más alto lo tenían los blancos con un 48% pero seguido muy de cerca por los morenos libres. Las mujeres eran más que los varones.

Peñuelas / Tabla 37

Población		Varones	Mujeres	Total	%
		3,337	3,173	6,510	
Blancos	770				11.9%
Pardos y morenos	4,995				76.8%
Esclavos	184				2.9%
Agregados	551				8.4%
Total	6,510	3,337	3,173		

Córdova pág. 243-245

En este pueblo, los pardos y negros libres eran la mayoría de la población con un 76.8%, mientras que los blancos sólo alcanzaban el 11.9%. Los agregados eran más numerosos que los esclavos, por lo que la fuerza de trabajo la constituía la clase libre.

Humacao / Tabla 38.

Población		Varones	Mujeres	Total	%
		2,432	2,281	4,713	
Blancos	1,738				36.9%
Pardos y morenos	2,045				43.3%
Esclavos	415				.08%
Agregados	515				1.0%
Total	4,713	2,432	2,281		

Córdova pág. 294-5

Morenos y pardos eran el 43.3% de la población, mientras que los blancos tenían el 36.9%. Nuevamente la superioridad era de los morenos como grupo étnico. La presencia de esclavos y agregados era mínima de .8%, mientras que los agregados era de 1.0

Yabucoa / Tabla 39

Población		Varones	Mujeres	Total	%
		2,318	2,220	4,518	
Blancos	1,608				35.6%
Pardos morenos	1,153				25.6%
Esclavos	523				1.6%
Agregados	1,234				27.3%
Total	4,518	2,318	2,220		

Córdova pág.289-290

En este pueblo hay un balance entre blancos y morenos libres, Pero el número de agregados es también muy alto. Existe un cierto equilibrio étnico, pero al no saber las etnias de los agregados, no se puede pasar un juicio sobre cuál era la mayoría.

Naguabo / Tabla 40.

Población		Varones	Mujeres	Total	%
		1,595	1,483	3,078	
Blancos	1,468				47.7%
Pardos morenos	1,130				36.8%
Esclavos	378				1.2%
Agregados	112				.6%
Total	3,078	1,599	1,483		

Córdova pág.299

Otro pueblo donde la presencia de blancos y morenos libres es bastante equilibrada. Los esclavos eran el 1.2% y los agregados no llegaban al 1%. El número reducido de esclavos y agregados lleva a inferir que al igual que

Yabucoa la mayoría de las tareas agrícolas eran realizadas por los morenos libres.

Corozal / Tabla 41.

Población		Varones	Mujeres	Total	%
		1,019	966	1,985	
Blancos	720				36.2%
Pardos y morenos	574				28.8%
Esclavos	111				5.6%
Agregados	580				29.25
Total	1,985	1,019	966		

Córdova. Pág. 82

La población blanca era más numerosa con 36.2%, los pardos y morenos en segundo lugar 28.8%. La población era relativamente escasa.

Juncos Tabla 42.

Población		Varones	Mujeres	Total	%
		1,589	1,672	3,261	
Blancos	374				11.4%
Pardos y morenos	1,808				55.4%
Esclavos	375				1.1%
Agregados	704				2.1%
Total	3,261	1,589	1,672		

Córdova. Pág. 326-7

Aquí morenos y pardos libres eran la mayoría de la población, mientras que los blancos eran solamente el 11.4%. Los pardos y morenos aparentemente no sólo dominaban la composición social del pueblo sino también forjaban sus elementos de identidad al lugar. Todo parece indicar que la fuerza de trabajo eran los que dominaban. Tanto el número de esclavos como agregados era ínfimo. Las mujeres eran la mayoría de la población.

Luquillo / Tabla 43.

Población		Varones	Mujeres	Total	%
		977	1,370	2,347	
Blancos	1,397				59.6%
Pardos morenos	641				27.3%
Esclavos	168				0.7%
Agregados	141				0.6%
Total	2,347	977	1,370		

Córdova. Pág 310-11.

Los blancos son mayoría con 59.6%, mientras que los pardos y morenos solo alcanzaban el 27.3%. Las mujeres eran más numerosas.

Juana Díaz / Tabla 44

Población		Varones	Mujeres	Total	%
		2,364	2,228	4,592	
Blancos	2,933				63.9%
Morenos libres	620				13.6%
Esclavos	502				11.3%
Agregados	537				11.7%
Total	4,592	2,364	2,228		

Córdova pág.261-2

La población blanca es la más numerosa 63.9%. Mientras que los morenos libres era 13.6%, los agregados y los esclavos tenían una presencia muy limitada. Los varones eran mayoría en la población.

Maunabo / Tabla 45

Población		Varones	Mujeres	Total	%
		775	711	1,486	
Blancos	458				30.9%
Pardos y morenos	655				44%
Esclavos	109				0.7%
Agregados	264				1.78%
Total	1,486	775	711		

Córdova pág.285-6

Los pardos y morenos libres eran la mayoría de la población, aunque los blancos eran una tercera parte.

Trujillo Alto / Tabla 46

Población		Varones	Mujeres	Total	%
		1,538	1,491	3,022	
Blancos	800				26.4%
Morenos libres	1,241				41%
Esclavos	412				3.7%
Agregados	576				9.0%
Total	3,022	1,538	1,491		

Córdova. Pág.42

Los morenos libres son la mayoría de la población 41%, mientras que los blancos sólo eran el 26.4%. Es limitada la presencia esclava y de agregados, por lo que inferimos que los morenos libres constituían la fuerza laboral. Los hombres eran más que las mujeres.

Las Piedras / Tabla 47

Población		Varones	Mujeres	Total	%
		1,297	2,346	3,643	
Blancos	1,994				54.8%
Pardos morenos	1,285				35.2%
Esclavos	94				.02%
Agregados	270				.07%
Total	3,643	1,297	2,346		

Córdova. Pág.322

En este pueblo la mayoría de la población 54.8% era blanca, pero los pardos morenos libres constituían un grupo numeroso de 35.2%. Las mujeres eran más que los hombres.

Barranquitas / Tabla 48

Población		Varones	Mujeres	Total	%
		1,837	1,616	3,453	
Blancos	2,558				74%
Morenos y pardos	422				1.2%
Esclavos	395				1.%
Agregados	78				.02%
Total	3,453	1,837	1,616		

Córdova pág. 373-4

El 74% de la población blanca era la más numerosa, mientras que pardos y morenos, esclavos y agregados tenían una presencia mínima.

Camuy / Tabla 49

Población	Total	%
	2,552	
Blancos	1,680	65.9%
Morenos libres	81	.03%
Esclavos	72	.02%
Agregados	719	2.8%

Córdova pág. 140-141

En este pueblo la mayoría de la población era blanca 65.9%, siendo ínfima la presencia de los otros grupos. Es interesante que el número de agregados eran muy alto en comparación con el de morenos libres y esclavos. La población no estaba clasificada por género.

Quebradillas / Tabla 50

Población	Total	%
	3,026	
Blancos	1,303	30.7%
Morenos libres	107	3.6%
Esclavos	221	7.3%
Agregados	1,395	46%

Córdova pág. 145-146

Los blancos son más numerosos 30.7%, pero los agregados eran mucho más numerosos que los grupos étnicos. ¿Qué ocurría en ese pueblo? Los morenos libres sólo eran 3.6% y los esclavos eran 7.3%. La población no fue clasificada por género.

Cidra / Tabla 51

Población		Varones	Mujeres	Total	%
		1,373	1,300	2,673	
Blancos	1,648				61.7%
Pardos morenos	574				2.1%
Esclavos	214				.08%
Agregados	237				.08%
Total	2,673	1,373	1,300		

Córdova pág.348-9

Los blancos eran el grupo más numeroso de la población siendo pequeña la representación de los otros tres grupos.

Adjuntas / Tabla 52

Población		Varones	Mujeres	Total	%
		603	548	1,151	
Blancos	615				53%
Morenos libres	412				35.8%
Esclavos	51				4.%
Agregados	73				6.3%
Total	1,151	603	548		

Córdova pág. 126

La población total era pequeña, donde los blancos 53% y los morenos con 35.8% tenían la presencia social más amplia. Un balance en la fuerza laboral y por género.

Patillas / Tabla 53

Población		Varones	Mujeres	Total	%

		2,116	2,019	4,135	
Blancos	1,173				28.3%
Morenos pardos	1,979				48.6%
Esclavos	407				.09%
Agregados	576				1.3%
Total	4,135	2,116	2,019		

Córdova pág. 278-9

Los morenos y pardos libres eran la mayoría en este pueblo con 48.6%. Los blancos sólo tenían algo más de una tercera parte del total. Los agregados y los esclavos eran una pequeña parte de la población.

Isabela / Tabla 54

Población		Varones	Mujeres	Total	%
		2,926	2,899	5,825	
Blancos	2,310				39.7%
Morenos libres	142				.02%
Esclavos	536				.09%
Agregados	1,837				31.6%
Total	5,825	2,926	2,899		

Córdova pág. 149-150

Otra población del norte donde la población blanca compite con el número de agregados. Estos constituían un poderoso grupo social. Los morenos libres era el grupo más pequeño.

Aibonito / Tabla 55

Población		Varones	Mujeres	Total	%
		838	901	1,789	

Blancos	650				36%
Morenos y pardos	608				34.8%
Esclavos	272				1.5%
Agregados	209				0.1%
Total	1,789	838	901		

Córdova pág.357-8

En Aibonito blancos y morenos libres constituían la base social de manera casi idéntica con una separación solamente de un 1.2%. Siendo un pueblo de la montaña es interesante ver que el mito de la blancura del centro de la Isla, es eso, un mito. Las mujeres eran más numerosas que los hombres.

Hatillo / Tabla 56

Población		Varones	Mujeres	Total	%
		1,341	1,312	2,653	
Blancos	1,493				52%
Morenos libres	108				4%
Esclavos	21				.9%
Agregados	1,031				38.9%
Total	2,653	1,341	1,312		

Córdova pág.136-137

Otra población blanca donde los agregados alcanzaban un enorme % de la población. Los morenos libres y esclavos eran ínfimos. Los datos dan al traste con la idea de una población esclava en la Isla. Su número en todos los censos examinados es ínfimo en el total de la población. Ello da validez al estudio de la población negra libre y no a los estudios sobre esclavos.

Las fuentes documentales examinadas proveen varios otros censos de pueblos del noreste de la isla.

Carolina (1860)

Carolina o Trujillo Bajo era un barrio de Trujillo Alto desde su fundación en 1795, pero la mayor parte de las haciendas más ricas pertenecían a la parte norte de Trujillo Bajo. En 1851 un grupo de las personas más ricas de esa área, como Lorenzo Vizcarrondo Ortiz y Zarate, Julio Vizcarrondo y Coronado y Manuel Elsaburu iniciaron gestiones para separarse de Trujillo Alto. En 1857, se dio el permiso y nació Carolina que se constituyó en un municipio. El censo de 1860 de pueblo de Carolina reflejó los siguientes datos. La población total era de 8,912 habitantes.

Carolina / Tabla 57

Año	Hombres	Mujeres	Ambos sexos	Total	%
Blancos	3,411	283		3,694	41.4%
Morenos libres	1,246	1,187		2,433	27.3%
Esclavos			2,785	2,785	31.3%
Total	4,487	1470		8, 912	100%

AGPR, San Juan, Caja 115 Censos 1860-1867.

La población blanca masculina era más numerosa que la de mujeres blancas. Sin embargo, el número de mujeres blancas era mínimo en comparación con la de morenas libres y esclavas, cuyo número no fue registrado.

San Juan (1818)

Existe un Censo del Barrio de Santa Bárbara de la Capital que se compone de la siguiente manera para el 1818. Vivían unos 1,571 vecinos.

San Juan / Tabla 58

Población	Padres	Madres	Hijos	Hijas	Total	%
Blancos	65	78	99	116	358	22.8%
Mulatos morenos	258	327	111	162	858	54.6%
Esclavos	98	38	28	33	197	2.6%
Agregados	91	47	8	12	158	1.9%
Totales	512	490	246	323	1,571	100%

AGPR, San Juan Caja 561. Dic. 30 1818

En este Barrio, los morenos libres eran el grupo más importante de vecinos. Los blancos componían solamente un 22.8% del total. La población por género indica que había más mujeres mulatas que de los otros grupos sociales. Los esclavos urbanos eran solamente un 2.6% de la población existiendo un número interesante de agregados.

Trujillo Alto (1861) / Tabla 59

El partido de Trujillo tiene un censo de la población residente para el año de 1861.

	Varones	Mujeres	Total	%
Blancos	1,047	1,163	2, 210	48.1%
Morenos libres	1,071	1,163	2,234	48.7%
Esclavos	69	78	147	0.03%
Totales	2,187	2,404	4,591	

AGPR, San Juan: Capitanía General, Trujillo Alto, Caja 592. 18940-1890

La población de morenos libres tenía una leve mayoría sobre la población blanca. Se puede ver también que las mujeres eran una mayoría en ambos grupos mayores. Los esclavos era un 3%. El barrio de Trujillo Bajo o

Carolina tenía más población que la que se censó para el pueblo de Trujillo Alto.

Cangrejos (1861) / Tabla 60

Población		Varones	Mujeres	Total	%
		890	850	1,740	
Blancos	130				7%
Mulatos	1,527				88%
Esclavos	83				5%
Total	1,740	890	859	1,740	100%

AGPR, San Juan: Capitanía General Cangrejo, Caja 542. 1839-1896

Los hombres y mujeres morenas libres eran la mayoría de la población. Los blancos eran solamente el 7% y los esclavos el 5%.

Rio Grande (1860) / Tabla 61

	Varones	Mujeres	Total	%
Blancos	727	692	1,419	28.3%
Morenos libres	1,766	1,683	3,449	68.9%
Esclavos	78	65	143	2.8%
Totales	2,571	2,440	5,011	100%

AGPR, San Juan: Capitanía General. Rio Grande. Caja 542.1839-1896

Los morenos libres eran la mayoría de la población. Los blancos sólo eran algo más de un tercio del total.

Luquillo (1820-1870) / Tabla 62

Población	Varones	Mujeres	Total	%
Blancos	1,268	1,126	2,394	54%
Morenos libres	1,262	694	1,956	44%

Esclavos	66	47	113	3%
Total	2,596	1,867	4,463	100%

AGPR, San Juan: Capitanía General, Luquillo. Caja 492 1820-1870

En este municipio había un cierto equilibrio étnico. La población esclava era mínima.

Fajardo (1815) / Tabla 63.

Población		Mujeres	Varones	Total	%
		493	658	1,151	
Blancos	479				41.6%
Mulatos libres	504				43.8%
Esclavos	62				5.4%
Agregados	106				9.2%
Total	1,151				100%

AGPR, San Juan: Fondo Municipal. Caja 260.

Para ese año, existía un equilibrio étnico en este partido con una pequeña diferencia de un 2.2%.

Loíza (1868) / Tabla 64

Población	Varones	Mujeres	Total	%
Blancos	959	972	1,931	29%
Color libre	1,046	1,762	2,808	42.7%
Esclavos	1,094	746	1,840	28%
Total	3,099	3,480	6,579	99%

AGPR, San Juan. Fondo Municipal.
Documentos Municipales Carpeta 5, Censo Dic. 1868

Los morenos libres eran la mayoría de la población con un 42.7%, mientras que la blanca era un tercio del total. Los esclavos si tenían una mayor presencia que en los censos estudiados. Se puede inferir que muchos esclavos pertenecían a negros o mulatos libres. Por género la población femenina era mayor que la masculina.

Guayama (1871) / Tabla 65

Población	Varones	Mujeres	Total	%
Blancos	1,280	1,096	2,376	32%
Pardos y morenos	2,370	1,974	4,344	59%
Esclavos	440	211	651	9%
Totales	4,090	3,281	7,371	100%

AGPR, San Juan, Capitanía General. Guayama Caja 592, 1871

Los pardos y morenos libres eran la mayoría de la población con un 59%, mientras que la población blanca era un tercio del total. El número de esclavos no alcanzaba el 10%. Este dato resulta muy interesante pues varios trabajos estudiados mencionan la enorme población esclava de Guayama, y no parece que fuera correcto.

Algunas conclusiones

Los datos presentados de los diversos censos encontrados para el siglo XIX en Puerto Rico permiten ver con cierto grado de veracidad el tamaño de las poblaciones étnicas de la Isla y su presencia en los pueblos que existían y que fueron censados.

De acuerdo a la Memoria de Córdova, en 1828 la Isla tenía una población libre de 238,084 habitantes. Se les censó étnicamente, por género y por trabajo. Esta denominación crea una gran interrogante pues no se puede saber la raza y/o casta y género a la que pertenecían esos agregados. En esos censos se encuentra que la población blanca constituía la mayoría de la población, especialmente en los pueblos del Oeste y del Noroeste. La población de negros y mulatos libres, llamados pardos y morenos, alcanzaba la tercera parte del total, pero su presencia era mayoritaria en la región Este, en las grandes ciudades de San Juan, Ponce y otras menores como Guayama, Fajardo y Humacao. También eran mayoría en muchas poblaciones del Nordeste desde San Juan hacia Arecibo. Aunque la población blanca era mayor en totales para todo el país, se puede ver que dieciséis pueblos del área noreste, entre estos Coamo, Guaynabo, Rio Piedras, Ponce, Guayama y Trujillo Alto, tenían una población de pardos y morenos con 38,121 más personas que los blancos. Por otro lado, al sumar las poblaciones del área oeste pueblos como San Germán, Añasco, San Sebastián, Mayagüez y Cabo Rojo, sumaban unos 10,212 agregados que era negros o pardos libertos en su mayoría.

Los agregados jugaban un papel importante en el país y quienes luego podrán ser los jornaleros. Es una gran posibilidad que eran descendientes de negros, mulatos o pardos. "Abbad mencionaba que otros grupos que también engrosaban las filas de los agregados son (eran) los libertos y polizontes de flota."[196] Estos agregados jugaban un rol importante en la vida laboral agrícola del país en algunos pueblos, mucho mayor que el de los esclavos.

El número de residentes por género era bastante equilibrado en la población general de la Isla donde las mujeres suman 120,044 con un 50.6% y los varones eran 118,040 o 49.6%. Sin embargo, se encuentran numerosos pueblos, especialmente del Este y del Noreste donde la población femenina blanca y negra libre y esclava era superior, por mucho a veces, a los

---

[196] Picó, Libertad y servidumbre, Pág. 62

hombres. Un interesante análisis de relaciones sociales que puede surgir de un estudio cuidadoso Los censos posteriores presentan una tendencia similar.

Los otros censos encontrados mantienen la tendencia demográfica encontrada. En ellos el patrón de más morenos libres en el Este versus el número de blancos continua ocurriendo fuese 1815 o 1861. En algunos pueblos como Cangrejos y Fajardo que en el censo de 1828 habían estado con mayorías blancas, cambian en 1860 a tener mayorías de pardos y morenos libres.

Otro dato que surge del análisis de estos censos es el tamaño e importancia de los esclavos en los pueblos del país. Su número es casi siempre ínfimo, pocas veces pasando a ser más del 9% del total de residentes de un pueblo. Se puede decir que muchos estudios de la esclavitud han exagerado su presencia en la Isla generando unas ideas de carácter social que no son cónsonas con las fuentes estudiadas.

En conclusión, los datos censales muestran que la población de negros y mulatos libres en Puerto Rico era numerosa y es de esperar que teniendo esa población una presencia tan importante fueran dueños de tierras, comercios y profesiones y aportaron desde numerosas formas a la creación de la identidad puertorriqueña.

PROPIEDAD Y TRABAJO

María D. González García, PhD

Los Reyes Católicos Fernando e Isabel autorizaron a Cristóbal Colón a repartir entre los pobladores del Nuevo Mundo montes, aguas, y tierras.

Capítulo IV

PROPIEDAD Y TRABAJO

Leyes y órdenes sobre la posesión de la Tierra

La ley medieval daba al Rey el poder sobre las tierras de un territorio. Esa imposición se aplicó en las Américas desde la Conquista. A él pertenecía el señorío o dominio inminente sobre las tierras descubiertas. "El derecho de la propiedad en América surgió a raíz de la Real Cédula del 23 de abril de 1497 cuando los Reyes Católicos Fernando e Isabel autorizaban a Cristóbal Colón repartir entre los pobladores del Nuevo Mundo montes, aguas, y tierras."[197] A partir de dicha cédula se entregaron tierras por los conquistadores y se crearon los primeros títulos de concesión en usufructo reconocidos por la corona. El "usufructo era el derecho a disfrutar bienes ajenos con la obligación de conservarlos, salvo que la ley autorice otra cosa."[198] Sin embargo, la tierra seguía siendo propiedad de la Corona ya que sólo se otorgaba en usufructo de manera que si las personas que la poseían regresaban a España no las podían vender, sino que éstas regresaban de nuevo al Rey.

Bajo la regencia de Fernando I el católico, se elevaron numerosas críticas desde Santo Domingo respecto a los abusos que cometían los españoles sobre los indígenas. El 27 de diciembre de 1512 se dictaron las Leyes de Burgos, que intentaban detener la situación existente en el Nuevo Mundo. "Se nombró una junta de teólogos y juristas para manejar la situación de

---

[197] De Hostos, Adolfo. Tesauro de Datos Históricos de Puerto Rico, tomo I. San Juan: Editorial Universidad de Puerto Rico, 1992. Págs. 495.

[198] Ibíd.

conflictos de los indios y europeos por los terrenos y relaciones afectivas de los españoles con las indias."[199] Sin embargo, dichas leyes no fueron cumplidas.

José Limery decretó el 23 de abril de 1856 la prescripción de los títulos concedidos por la Junta de Terrenos Baldios.

En 1591 había necesidad de aumentar los ingresos fiscales por lo que el Rey Felipe II revocó los permisos de repartición de tierras realengas[200] dadas por los cabildos y ordenó una evaluación de los títulos de posesión y valor de las tierras para que se pagase una contribución al Estado. Muchas personas que no tenían títulos legítimos sobre la propiedad por haberlas

---

[199] Recopilación de Las leyes de Indias del Rey Carlos II. Bogotá: Biblioteca Central, Archivo Histórico 379, Titulo 5, de las poblaciones.

[200] Tierras realengas eran aquellas que no se habían repartido.

usurpado, tenían que conseguir los títulos legítimos que otorgaba la corona de querer continuar poseyéndolas. Además se estableció que para no se invalidaran los títulos recién expedidos tenían que cumplir con los requisitos del pago contributivo o "usufructo fiscal" al estado. Las personas que adquirieran terrenos tenían que comprometerse a vivirlos por cinco años, en caso que quisieran regresar a España no podían vender lo recibido en repartimiento y la Corona quedaba en libertad de otorgarlos a otra persona. Los vecinos que tenían títulos legítimos de posesión sobre tierras ocupadas mediante los repartimientos de tierras efectuados por el cabildo también tenían que pagar contribuciones al estado. Algunos vecinos que tenían títulos legítimos de posesión eran sucesores de los títulos de concesiones reales o cédulas de vecindad a la clase noble que las habían recibido durante los primeros años de colonización.

Durante el ataque holandés a la isla en 1625 los archivos civiles fueron destruidos, que incluían los registros escriturarios como los títulos de las cédulas de vecindad sobre tierras concedidas a los primeros pobladores. Sin embargo, "las tierras en Puerto Rico continuaban siendo propiedad de la corona como al inicio de la colonización porque sólo se otorgaban en usufructo."[201]

En la cuarta década del siglo XVIII surgieron otras leyes sobre la posesión de tierras. "El 24 de noviembre de 1735 la Corona promulgó una Real Cédula ordenando que todos los individuos que entrasen en posesión de los bienes inmuebles realengos del estado en los dominios de las Indias tenían que acudir al Rey para la expedición de la confirmación de su derecho so

---

[201] Díaz Soler. Historia de Puerto Rico Pág. 277.

pena de perderlos."[202] Muchos dejaron de acudir a dicho proceso, por los muchos inconvenientes, lo costoso y porque los gastos excedían el valor del terreno ocupado.

El 15 de marzo de 1759 la corona promulgó una Orden reconociendo la legítima propiedad de las estancias de labor a los que estaban en posesión de ellas, pero ordenaba la destrucción de los hatos y la venta de los terrenos que los componían. Entre los años 1784 y 1789, Carlos III llevó a cabo una serie de esfuerzos para que aumentara la productividad de las tierras que se habían entregado. La realidad de Puerto Rico en relación a las tierras era otra: muchas tierras estaban en pocas manos y ya había numerosas familias carentes de ellas.

Luís Díaz Soler señala, "que para la séptima década del siglo XVIII, había en Puerto Rico 1,478 caballerías[203] de tierras cultivables (295,600 cuerdas); había 5,581 estancias que estaban en manos de 5,048 vecinos. Había 87 clasificadas como grandes (hasta de 9 caballerías o 1,800 cuerdas), que por su tamaño eran copropiedad de varios vecinos, las cuales totalizaban 248 caballerías (49,600 cuerdas). Otras 236 caballerías estaban ocupadas por 185 estancias medianas (una o dos caballerías de 200 o 400 cuerdas). La tercera clase de estancias pequeñas, eran 5,309 oscilando entre una cuerda y una caballería. Una gran parte de las tierras eran ocupadas por unos 234 hatos de un 1,382,600 cuerdas, que eran usadas para criaderos de ganado, cerdos, mulas, caballos, cabros y otro menor."[204] Las más lucrativas

---

[202] Martínez Irizarry, Dennis. Derecho Hipotecario de Puertorriqueño. Río Piedras: Editorial Universitaria 1968, pág. 293

[203] Una caballería es equivalente a 200 cuerdas.

[204] Díaz Soler. Óp. cip pág. 278

haciendas estaban en manos de militares y agentes de compañías que operaban en la isla. Entre los más grandes hacendados se encontraban: "Tomás O'Daly, coronel ingeniero de fortificaciones, su hermano Jaime administrador de la hacienda San Patricio, Joaquín Power alcalde ordinario de San Juan, Severiano Xiomo, teniente coronel; Don Agustín de Loma, factor de la compañía de asunto de negros y Don Agustín Valdejully comisionado de la compañía de Barcelona."[205]

A finales del siglo XVIII la población libre aumentaba lo que generó una gran necesidad de tierras que se distribuyeran entre los negros libres para el cultivo y sostén de sus familias. Algunos negros vivían como "arrimados;" eran aquellos que vivían en las propiedades de otros donde sólo tenían algunos animales y siembras. Estos arrimados estaban bajo el control de los propietarios; "la prohibición a los arrimados de sembrar raíces en fincas al parecer estaba en la renuencia de los terratenientes a tener que compensar por dichas siembras o esperar por las cosechas en caso de que quisiera expulsar de sus tierras."[206] Como compensación a los propietarios, los arrimados tenían que mantener limpias y cultivables las tierras. Fernando Picó critica la poca importancia que se le ha dado a esa clase agrícola del país y dice: "lo irónico es que los historiadores sólo le han prestado atención a los agricultores de papel que clamaron por hacer de Puerto Rico otra Santa Cruz y no se han detenido a considerar a los cientos de criollos y criollas que "machete y tea" en mano fueron preparando la tierra para el arado."[207] La

---

[205] Díaz Soler. Ibíd.
[206] Picó, Libertad...pág.64.
[207] Óp. Cit. Pág.118

inmensa masa de pobladores libres hizo de los terrenos baldíos su morada a veces con permisos y las más de veces sin ellos.

El 14 de enero de 1778, Carlos III dictó una Cédula especial para el repartimiento de tierras en la isla de Puerto Rico. "La Real Cédula mediante un edicto otorgaba tierras a unas 15,000 familias, de una población de 77,700 personas, que vivían como agregados sin títulos legítimos de propiedad en los terrenos de grandes terratenientes o del estado."[208] No obstante la implantación del nuevo régimen fue aplazado por la guerra entre Inglaterra y sus colonias americanas en las que participaron Francia, España y Holanda. El 25 de agosto de 1802, la Corona promulgó una Real Cédula con el propósito de aplicar el sistema hipotecario que regía hasta entonces en España a los territorios de Ultramar, entre ellos, Puerto Rico. El gobierno delegó esa función a la Audiencia de la Nueva España.

Se había creado una Junta de Repartimiento de Terrenos Baldíos en 1818 a raíz de la promulgación de la Real Cédula de Gracias de 1815. Sin embargo, para mediados del siglo, las tierras baldías eran muy pocas y el gobernador José Lemery decretó el 23 de abril de 1856 la prescripción de los títulos concedidos por la Junta de Repartimiento de Terrenos Baldíos. Estos títulos serían declarados nulos si las fincas adquiridas no eran cultivadas por lo menos, una décima parte en el plazo de un año. Esta medida obligaba al beneficiario de los terrenos a cultivarlos o los terrenos eran devueltos al estado.

---

[208] Archivo General de Puerto Rico, Fondo de Gobernadores Españoles 1778. caja 77, Folios 22 al 26

El Real Decreto del 20 de diciembre de 1870 creó la Junta Informativa de Puerto Rico y Cuba, que ordenaba y regulaba…que en cada cabeza de partido judicial se crease inmediatamente un Registro de Propiedad, de acuerdo a la Ley Hipotecaria de España.[209] De ese momento en adelante, todas las transacciones de propiedades estaban reguladas y archivadas en estas oficinas de Registro. De otro lado en el período de 1810-1825 las colonias españolas lucharon para lograr liberarse del dominio español, por lo que dichos eventos es posible que influenciaran en los cambios políticos en la nueva constitución.

Constitución de 1812

En 1812, las Cortes reunidas en Cádiz, aprobaron una Constitución de gran importancia para España y para el Nuevo Mundo. De acuerdo a ese documento, Puerto Rico pasó a ser una "Provincia" de la "Nación" española. En ella se otorgaron todo los derechos humanos que surgían de la Carta de los Derechos del Hombres de la Revolución Francesa. Estos incluían la inviolabilidad de la persona, de su domicilio, de su propiedad; la libertad de pensamiento y de acción. Toda la población blanca recibió estos derechos, excepto la clase servil. La Constitución creó un organismo semis-representativo de carácter administrativo en y para Puerto Rico que se conoció como la "Diputación Provincial." Esta Diputación estaba constituida por nueve miembros propietarios y presidido por el gobernador" de turno.[210] Sin embargo, esta institución no duró mucho.

---

[209] Martínez Irizarry, Pág. 11 y 12.

[210] Martínez Irizarry. pág.5.

Real Cédula de Gracias 1815

Una vez Fernando VII fue liberado de Napoleón en 1814 y retomó el trono español, regresó el absolutismo a España. El Rey encontró que durante su ausencia, los territorios americanos se encontraban en guerra contra España, que la lealtad al soberano había sido corta y que solamente de Indias le quedaban dos islas: Cuba y Puerto Rico. De manera que Fernando decidió utilizar el recurso de las bondades reales para atraer a las tierras separadas dando beneficios económicos y cierta libertad política a las Islas.

El 10 de agosto de 1815, Fernando VII promulgó la Real Cédula para el fomento de la agricultura y el comercio de Puerto Rico que duraría por quince años, o sea, hasta el 1830. La cédula concedía varios beneficios a inmigrantes de países amigos de España, que fueran católicos y que vinieran a la isla a invertir el capital. A estos se les asignaba la cantidad de siete cuerdas para sí y por cada persona blanca que le acompañase, la mitad de esa cantidad de tierra se le daba por esclavo negro o pardo que llegara con él. Las tierras que el estado repartía eran aquellas tierras realengas, sin dueños, por ser del estado. También incluían las tierras que hubiesen sido propiedad particular aplicadas al fisco por problemas legales (confiscadas o deudas contributivas) las donadas o repartidas que no se hubiesen hecho uso arreglado a la concesión estando baldíos.

A los colonos libres que quisiesen venir a la isla a invertir capital, se les concedían tres cuerdas para sí y una cantidad proporcional por cada esclavo que trajese, pero debía pagar los tributos personales. Arturo Morales Carrión señala que la Cédula "ofrece también aliciente a los negros y pardos libres: la mitad del repartimiento señalado a los blancos y si llevaren esclavos propios se les aumentará a proporción de ellos."[211] La Real Cédula establecía un período de tiempo a los colonos, hasta cinco años para vivir en la isla y decidir si regresaban a su país con los bienes que trajeron. De irse tenían que pagar un 10% sobre todo el aumento del caudal que habían traído al país, además de revertirle los terrenos recibidos al estado. Si por el contrario el colono, al transcurrir los cinco años, deseaba naturalizarse y sus descendientes, entonces el gobierno le concedía gratuitamente a perpetuidad las tierras que venían cultivando. La Cédula también establecía que los bienes que pertenecían a los colonos que fallecían pasaban a sus herederos.

Una nueva disposición de ley se expidió el 28 de diciembre de 1818 que estableció "una nueva Junta en Puerto Rico, bajo el nombre de la Junta de Repartimientos de Terrenos Baldíos, para que se procediera a la distribución de tierras y a sus deslindes hasta expedir a los interesados el título de pertenencia dándose así el último paso para el reconocimiento de la propiedad en Puerto Rico."[212]

Durante el siglo XIX, la base de la economía en Puerto Rico fue agraria. Los principales cultivos fueron la caña de azúcar, el café y frutos menores que se exportaban a los mercados de Europa y los Estados Unidos.[213] Se infiere que esa producción se basaba en la mano de obra de obreros agrícolas

---

[211] Morales Carrión, Arturo. Auge y decadencia de la trata negrera en Puerto Rico 1820-1860, San Juan: Biblioteca el Centro CEAPRC/Ediciones Puerto, 2004. Pág. 32

[212] De Hostos, Adolfo. Tesauro de Datos Históricos, Tomo IV, San Juan: Editorial Universidad de Puerto Rico, 1992 Pág. 495 y 638.

[213] García, Gervasio. Economía y trabajo en Puerto Rico del siglo XIX. Río Piedras: Universidad de Puerto Rico, s. f., Pág. 855-856.

de agregados, de mulatos y negros libres, y en ciertas localidades, de esclavos, como se ha visto por los censos examinados en el capítulo 3.

En 1831, la Corona promulgó otra Real Cédula estableciendo la Real Audiencia de Puerto Rico. Este alto tribunal podía examinar todos los problemas legales de propiedad que surgieran en la Isla. Otras disposiciones de ley establecieron ciertas obligaciones al gobierno. Una de ellas fue la Ley de Expropiación Forzosa que regía en España y "el 15 de diciembre de 1841, la Corona (la) hizo extensiva a Puerto Rico...El estado venía obligado a compensar monetariamente a cualquier súbdito cuya propiedad fuera necesaria expropiar para algún proyecto de utilidad pública."[214] Mediante esta medida de ley, la Corona reconocía el derecho a la propiedad privada de todos aquellos propietarios que tenían títulos legitimados por el Estado.

Negros Libres Propietarios

La investigación de este trabajo ha permitido demostrar que muchos negros y pardos libres poseían tierras en Puerto Rico desde antes del siglo XIX. Ese trabajo no se discute, aun cuando se presentó la situación particular de Cangrejos, por no estar dentro de los objetivos primordiales de esta investigación.

Ya se ha visto que muchos de los libertos alcanzaron la libertad con regalos de tierras o herencias de tierras. Se ha encontrado que algunos libertos sometieron peticiones ante la Junta de Terrenos Baldíos para obtener certificados de propiedad sobre 100 cuerdas en el sector el Cedro del Barrio Viví Arriba de Ponce a mediados del siglo XIX. Picó dice que

---

[214] De Hostos, Tesauro, Tomo I Pág.888-890

"algunos libertos lograron adquirir tierras y dejarlas a sus hijos, otros libertos debieron agregarse al venir la circular de Pezuela de contratarse o arrendar terrenos."[215] Sin embargo, estos agregados ya eran una realidad en el 1828 y no solamente bajo Pezuela.

En el partido de Guayama se identificaron varios casos de negros libertos que recibieron tierras ya que a través del teniente de Ayuntamiento le fueron otorgadas títulos de fincas preparatorias concertadas entre el alcalde y vecinos en el 1836. Estas propiedades se dieron en el Barrio Pueblo a Pedro Sánchez y al negro Estopilla; en el Barrio Cuatro Calles a Rufino Cintrón y en el Barrio Juncos a Monserrate Sánchez. Estos libertos habían perdido sus tierras por expropiación y por ello le fueron otorgados los terrenos.[216]

Otro de los casos es del mulato libre Juan Nepomuceno Carrasquillo, quien tenía en Loíza un terreno en el barrio Medianía, de nueve cuerdas, que cultivaba para sostener la familia. Por ese terreno pagaba cuatro pesos de impuestos. En un documento del Archivo General se cuenta que él solicitó al gobernador Teniente General Santiago Méndez Vigo el 5 de mayo de 1844 que se le acreditara un pago de impuestos que el alcalde decía no había pagado. Para ello presentó al gobernador los recibos que había pagado para que se enmendara el error y se acreditaran los pagos en derecho."[217]

El liberto Eduardo Bebe se convirtió en propietario mediante la compra de doce cuerdas de terreno en el pueblo de Fajardo, originalmente de Don Santiago Bebe del pueblo de Ceiba, quien era el dueño de las tierras. El

---

[215] Picó, pág. 59.

[216] Documentos Municipales, Serie Guayama, Actas de Ayuntamiento, Caja 1 13 de febrero de 1838.

[217] AGPR. Capitanía General de Río Grande, Receptoría de Real Hacienda, Distrito de la Capital, San Juan: Caja 542, 1839-1896.

liberto Eduardo Bebe fue esclavo de Don Santiago Bebe. El documento no establece como se hizo de dinero el liberto para comprar las tierras.

El liberto Juan García Calderón, que estaba en lecho de muerte, pero lucido, hizo testamento en presencia del alcalde Don José Astorga, del partido de Fajardo y otros testigos. En el documento establece que era dueño de una tienda de pulpería, una yegua zaina parida, en poder de José Antonio García, una yegua amarilla en poder de Francisco del vecindario del Ceiba, otra yegua alazana en poder de José Antonio Asencio, un caballo negro en los predios de Doña Javiera Calderón, nueve bueyes y un buey que había comprado recientemente. Este murió en los momentos que hacía su testamento. Se infiere que los mencionados eran familiares que quedaron

El trabajo y los negros libres

En la primera mitad del siglo XIX, la población de negros libres era un 41.33% sobre el 7.16% de la esclava por lo que constituía una enorme fuerza laboral agrícola necesaria en la isla. En 1832, el inglés Jorge Flinter de visita en la Isla observó que el negro libre alcanzaría ser el gran cultivador de las tierras del país.[218]

El Mariscal de Campo Manuel López de Baños quien asumió la gobernación de la isla en 1837, estableció a poco de llegar, enero de 1838, un Bando de Policía y Buen Gobierno, que en su artículo 26 incluía un sistema de papeleta. Todas la Alcaldías de la isla fueron avisadas para mantener la uniformidad en el gobierno porque tenían que registrar papeletas para todos los hombres mayores de 18 años y hasta los 60 años como una medida para

---

[218] Díaz, Soler. Historia de Puerto Rico, pág. 499.

resolver el problema de la vagancia. La "papeleta" era un formulario que se entregaba gratis a los dueños, para que luego que vendiera un siervo, traspasare, le diera libertad o muriera, debía dar conocimiento a la Alcaldía, exhibiendo la papeleta en cumplimiento del mandato y apercibido de las penas en dicho Bando."[219]

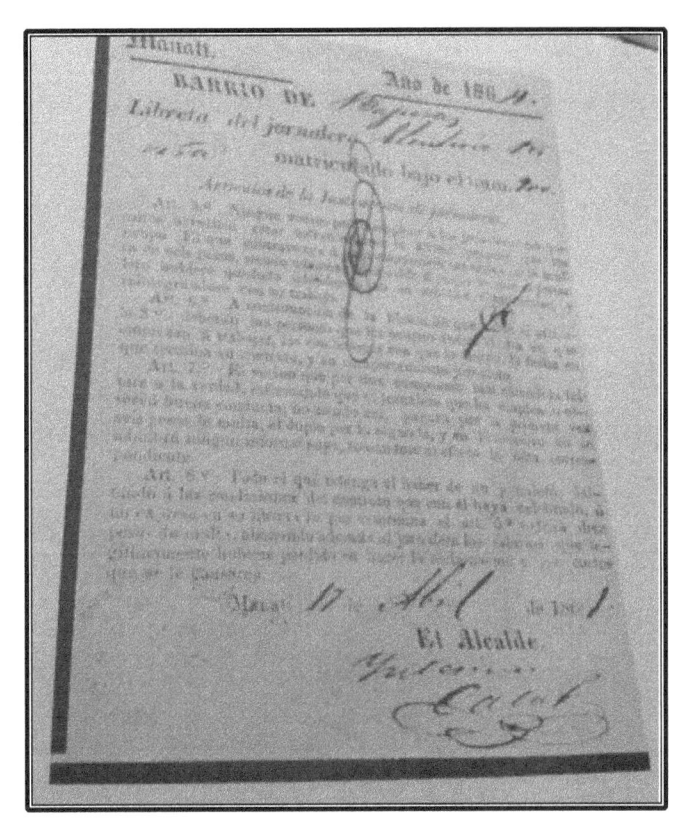

El 11 de junio de 1849 se impuso el uso de la libreta de jornalero.

En Puerto Rico había muchos trabajadores desempleados. Se calculó que para 1834, más de la tercera parte de la población no tenía ni casa ni trabajo, e iban de un lado para otro tratando de satisfacer las necesidades diarias. Los hacendados tenían problemas para solucionar la falta de mano de obra,

---

[219] AGPR, San Juan, Capitanía General de Trujillo Alto, Caja 592.

inclusive las autoridades consideraron traer trabajadores libres de las islas Canarias para el trabajo agrícola con la creencia de que estos podían ser más fieles a la corona, pero en realidad estas medidas inmigratorias no se llegaron a concretar.

Juan de la Pezuela Cevallos, Marqués de Pezuela, accedió a la gobernación de Puerto Rico en 1847. Traía órdenes de mantener el control sobre la población, y resolver el problema de la falta de mano de obra, además de seguir impulsando la economía azucarera en las haciendas. El 11 de junio de 1849 impulso su Bando de Buen Gobierno. Este incluía forzosamente el uso de una libreta, un documento que tenía que llevar consigo el jornalero que vagaba constantemente y donde se anotaba el trabajo que tenía y con quién lo estaba realizando. Se puede inferir que un gran número de esos jornaleros pertenecían a la creciente población negra libre del país.

El Reglamento de Jornalero de 1849

Este Reglamento consta de unos cincuenta y ocho artículos. En el reglamento se establece que "un jornalero era toda persona que necesitaba ocuparse en el servicio de otros fuese en las labores de campo, artes mecánicas, acarreo o servicio doméstico, mediante un salario convenido."[220] También se consideraba jornalero el que aunque era dueño de un predio de terreno rústico o hiciera siembras en terreno ajeno, su labor no le permitía que los productos conseguidos no cubrieran sus necesidades a juicio de la municipalidad a que perteneciere. De ellos doce tenían relación con el trabajo de negros libres a jornal, los cuales se citarán a continuación.

---

[220] El Proceso Abolicionista en Puerto Rico. San Juan: Documentos para el estudio, Centro de Investigaciones Históricas, Facultad de Humanidades, Río Piedras, Universidad de Puerto Rico, Tomo I, 1974, pág.70.

Artículo 6: Los propietarios que recibieran jornaleros debían dar cuenta al comisario del jornalero, la familia que llevase consigo, la edad y el último lugar de procedencia. A la falta de cumplimiento a este artículo, el propietario podía incurrir en una multa de cuatro escudos la primera vez, la que se iría duplicando de volver a reincidir.

Artículo 7: Cada municipio llevaba un registro de todos los jornaleros oficiales y aprendices de artes mecánicas que existían en su partido.

Artículo 9: El reglamento establecía la dependencia de registro de los contratos celebra dos entre propietarios y jornaleros, por mutuo acuerdo, sin ningún derecho a exigirse retribución.

Artículo 10: Cada una de las justicias locales entregaba a cada jornalero una libreta gratis con la impresión de su matrícula que en todo momento conservarían.

Artículo 11: Los jornaleros que por algún motivo perdían la libreta, debían ir al pueblo de su localidad para hacerse otra. De hallarse si ella se consideraba al jornalero como malicioso, imponiéndosele por la falta, seis días de trabajo en obras públicas y el pago de la mitad del jornal.

Artículo 19: El horario de trabajo de los jornaleros será desde la salida del sol con dos horas de descanso hasta la puesta de este.

Artículo 20: Los trabajos de noche durante la zafra, los jornaleros, tendrán un convenio particular, los braceros obtendrán un aumento de jornal que estipule con el propietario.

Artículo 21: Los jornaleros, por servicios prestados, recibían el pago diario o semanal en dinero, no había un máximo o mínimo en dicho pago por lo que no se sabía a ciencia cierta cuál iba a ser el pago a recibir. Ahora bien el hacendado podía ser penalizado en caso de retener el pago indebidamente, además de pagar al jornalero que lo reclamara.

Artículo 25: Los jornaleros podían transitar libremente en busca de trabajo siempre que dieran conocimiento a las autoridades, y anotarían el permiso en la libreta. Dicho permiso no podía exceder más de dos meses.

Artículo. 32: Los dueños de tiendas que permitieran a los jornaleros estar más tiempo del debido para comprar pagarían una multa de ocho escudos.

Artículo 34: Los hijos abandonados de jornaleros serían recogidos por las autoridades que gestionarían ayuda entre los vecinos que tenían mejores condiciones de vida y proveerle la educación.

Artículo 51: Se creó en cada municipio una caja la cual permitiría el fomento de ahorro en beneficio de los jornaleros que aportarán veinte centavos al mes. Interesante, pero no existe documentación que mencione algún caso de persona que recibiera los beneficios de dichos ahorros.

El Trabajo A Jornal en Haciendas

El trabajo en las haciendas lo desempeñaban los negros libres al igual que esclavos. Los jornaleros libres tenían a su cargo el corte de las cañas y cavar las zanjas para plantar las semillas de cultivo. Los jornaleros eran empleados en todas las faenas indiferentemente de las que realizaban los esclavos. Para los hacendados el trabajo con jornaleros libres les permitía funcionar en una estructura pre-capitalista que adelantaría la economía de la isla y de sus haberes.

Algunos hacendados trataban bien a los jornaleros libres, pero la paga era poco atractiva lo que no aseguraba la estadía de estos por mucho tiempo en las haciendas. Guillermo A. Baralt señala que "los jornaleros libres no querían desempeñar ciertas tareas en las haciendas y abandonaban el trabajo frecuentemente."[221] Para evitar esa situación muchos hacendados mantenían a sus jornaleros endeudados, en muchas ocasiones, o los convertían en agregados y arrendatarios de las tierras para de esa manera asegurarse la mano de obra a jornal.

Este fue el caso de la liberta María del Rosario Moreno que trabajó como jornalera con don Eusebio González, pero él se negó a pagarle $381 pesos que le debía. Ella llevó el caso ante un juez quien decidió a favor de la liberta.[222] El caso examinado no establece si la cantidad pagada incluyó alguna penalidad al hacendado por la reclamación, como lo establecía el artículo 21 del Reglamento de la Libreta.

Ante la situación de necesidad de mano de obra, algunos hacendados, entre ellos Constantino Souteyran, de Patillas, tomaron medidas para solicitar licencias para la introducción de esclavos a mediados del siglo XIX por no poder contar con seguridad con trabajadores libres porque estos abandonaban los trabajos preparatorios de las cosechas. Los negros libres podían conseguir trabajo parcial siempre y cuando pudieran ir a esas haciendas, pero si trabajaban para una particular hacienda, tenían que pernoctar en ella, lo que les impedía ofrecer sus servicios.

En "el partido de Cabo Rojo los hacendados preferían la mano de obra libre ya que los negros si se le pagaba hacían el trabajo no sólo en las tareas

---

[221] Baralt. Esclavos rebeldes. Pág.79.
[222] AGPR San Juan: Fondo de Gobierno Español, Justicia, 1776-1866, Caja 333.

agrícolas, sino también eran contratados para la construcción de caminos y otras obras públicas y los jornaleros que trabajaban de sol a sol los Jornales eran más altos."[223]

Agregados Libres

Un grupo de trabajadores se conoció como "agregados." Esta clase se componía de trabajadores que no poseían tierras y vivían en las haciendas, o en las poblaciones sin trabajo fijo. Su carácter racial parece haber sido heterogéneo y en algunos pueblos tenían una fuerte presencia numérica. Se encontraban dispersos por toda la isla, en busca de empleos de la Libreta. Probablemente, un gran número de ellos eran descendientes de pardos y morenos libres y de esclavos libertos.

Algunos libertos buscaron los medios de superarse económicamente. En 1863, el moreno liberto Jorge Seary hizo un contrato de arrendamiento con Don Ricardo Pearson, por veinte cinco cuerdas de terreno en un barrio de Canóvanas. El arrendamiento fue por un término de cuatro años, pagando la cantidad de cuarenta pesos anuales anticipados. Se hizo el pago del primer año al firmar el contrato. Como arrendatario, Seary, tenía que pagar todas las contribuciones que impusieran al predio arrendado. Al terminar el arriendo tenía que dejar al arrendador todas las mejoras que se hubieran hecho.[224]

---

[223] Díaz, Soler. Historia de la Esclavitud' Pág. 254.

[224] AGPR, Fondo de Protocolos Notariales, San Juan (1863-1864). Loíza

En otro caso, el liberto Juan de San Germán llevó un caso la justicia, el 11 de enero de 1864, alegando que le había arrendado una cuerda de terreno al pardo Don León Silvestre. Y que a pesar de establecer un contrato de arrendamiento por seis años, Silvestre tuvo el atrevimiento de cortarle las cañas. Además, usando como testigos a Don Bernardo Acosta y Gaetano Rossy quiso hacer ver ante la justicia que él no había firmado ningún contrato. San Germán le exigía al liberto que le entregara la parte de las cañas como estaban y doscientos pesos. "El liberto Juan argumentó que ellos eran pobres y negros y le suplicaron al juez que el asunto estaba en sus manos por lo que aun así no querían hacerle justicia." Como León Silvestre y Juan no sabían firmar lo hicieron con una X ante Genaro López, que fue testigo.[225]

Se ha mencionado en el capítulo 2 que algunas libertas recibieron tierras y otros bienes por disposición testamentaria. La liberta Teresa Bebé, de Fajardo, fue una heredera universal de los bienes que le dejo su amo, convirtiéndose en una próspera propietaria. La misma suerte le toco a liberta María del Rosario, al ser nombrada albacea de los bienes de su amo lo que le permitió una mejor situación de vida.[226] No obstante, la posición económica alcanzada por algunos negros y negras libres quienes llegaron a tener bienes, su situación social seguía siendo inferior al ser excluidos por la clase social dominante.

---

[225] AGPR. San Juan: Fondo de Gobernadores Españoles, Caja 343

[226] AGPR. Gobierno, Capitanía General de Río Piedras: Esclavos y Libertos, Caja 65 Carpeta no. 5 (1864-1873)

Altas y bajas de jornaleros.

El Trabajo A Jornal

En 1838 el gobernador Miguel López Baños publicó un Bando de Buen gobierno que instituía un registro de jornaleros para hombres de 16 hasta 60 años. Fernando Picó señala que, muchos de los aspectos del Reglamento Pezuela eran similares al de López Baños.[227] Esta clase de trabajo surgió a raíz del trabajo compulsorio dado por el Régimen de la Libreta, que estableció el gobernador Juan de la Pezuela en 1849. Gran parte de la población de blancos, negros y negras libres fueron parte del régimen.

Se había determinado que un jornalero libre rendía el doble de trabajo que rendía un esclavo y sus bajos niveles de productividad llevaron a los hacendados a preferir la población libre para los trabajos agrícolas. Nelly

---

[227] Picó, Historia General. Pág.184.

Vázquez Sotillo señala que, "la mayor preocupación de las autoridades españolas en la isla era acabar con la vagancia, el ocio, reducir el número de esclavos, aumentar el número de jornaleros que debían tener como prioridad el amor al trabajo.[228]". Era un negocio redondo, puesto que a los jornaleros les daban pagas limitadas, y se libraban de tener que darles todo a los esclavos, lo que era un costo mucho más alto.

Para el año de 1835, el número de esclavos disminuía con cierto grado de rapidez. Un ejemplo de ese año se da en la jurisdicción del pueblo de Trujillo Alto. Allí Doña Monserrate Jiménez, dueña de plantaciones de cacao, declaró poseer 18,000 plantas en producción y todas eran atendidas por trabajadores libres. "Además a partir del 1835 los jornaleros libres continuaban aumentando en diversas labores, por lo que la mano servil disminuía.[229]"

Los negros libres constituían la fuerza laboral más importante en la producción de los bienes agrícolas para la exportación. El Reglamento de Jornalero aplicaba también a todas las mujeres que carecieran de capital o algún bien, tenían que dedicarse al trabajo en las haciendas ya sea para servicio doméstico o en tareas de labradoras en los campos, en la caña, café o frutos menores según fuera el contrato a jornal. "A las jornaleras le entregaban una libreta donde se establecían las normas del contrato. Si perdían las libretas le imponían tres días de trabajo aseando las calles. Las jornaleras tenían que comparecer por lo menos un día al mes ante las autoridades locales para dar evidencia que se mantenían ocupadas. La

---

[228] Vázquez Sotillo, Nelly. Historia al Margen de la Historia. Mayagüez: 2010, SE pág. 80

[229] Díaz Soler. Historia de Esclavitud. Pág.255

libreta era revisada para ver su comportamiento.²³⁰" En las zonas rurales las negras jornaleras estaban expuestas a un trato que no variaba al que recibían las mujeres esclavas por parte de los amos o los mayordomos.

Artesanos y sombreros

Jornaleros Libres de Ciudad

Las ciudades puertorriqueñas, especialmente portuarias, comenzaron a tener un gran movimiento social y económico, que permitió variedad y oportunidades de trabajo. La data, sin embargo, parece indicar que la masa de negros y negras libres no mejoraban al par que este desarrollo. Dice un documento sobre libertos en Río Piedras que "allí vivían la mayoría de los negros que habían obtenido la libertad, pero que permanecieron pobres como siempre."²³¹ La condición de la inmensa mayoría de los negros y

---

[230] Vázquez Sotillo. Óp. cit pág.85

[231] Delano Jack & Irene. Maestro Cordero, Pág.4.

negras libres, aun cuando tuviesen la libertad y acceso a los bienes no era tan fácil, pero se da por razón el que eran vagos: "los negros libertos preferían por regla general sufrir todas las incomodidades antes que trabajar."[232]

Muchos negros y negras libres optaban vivir en las áreas urbanas por la disponibilidad de trabajos. Una de esas opciones era el servicio doméstico."[233] Sus destrezas en esa labor incluían desempeñarse como lavanderas, costureras, planchadoras, vendedoras, albañiles, carpinteros y artesanos. Especialmente hubo una gran cantidad de artesanos negros, que continuó aún después de la invasión estadounidense.

Mariano Negrón Portillo y Raúl Santana Mayo encontraron una serie de trabajadoras y trabajadores negros libres trabajando en una diversidad de tareas de carácter doméstico: una negra libre quien era jornalera que estaba casada y tenía una hija también libre, que trabajaba cosiendo; otra negra libre jornalera, quién probablemente servía en alguna casa de la ciudad. Ellos indican que, "la relación entre el trabajo libre y el servil en la capital dentro de la categoría del servicio doméstico incluía el mayor número de trabajadores en las que estaban aquellas personas en el servicio doméstico de lavanderas y como criadas."[234]

Una interesante fuente laboral se obtuvo de un informe del Régimen del Jornalero del pueblo de Río Piedras. Este cumplía con el artículo 7 que exigía a cada Alcaldía llevar a cabo las altas y bajas de los jornaleros por

---

[232] AGPR, San Juan: Real Audiencia Territorial de Puerto Rico, Expediente instruido con la Real Orden del 4 de diciembre de 1867.

[233] Morales Carrión, Historia de…, Pág. 135-136

[234] Negrón Portillo y Mayo Santana. La esclavitud urbana en San Juan. Pág. 80-81

trimestre. El informe iba dirigido al alcalde José Tomas de Sorraja del 10 de abril de 1864.[235]

Jornaleros

Altas	Labradores	Varones	Hembras	Total
106	339	445		445
Bajas	Labradores	Varones	Hembras	Total
107	334	227		227

El informe refleja un cierto grado de movilidad de parte de los jornaleros. Las bajas de los ciento siete jornaleros aparentemente indican que algunos jornaleros libres optaban por otros oficios no relacionados con la labranza. Una de las maneras para librarse del Régimen de la Libreta fue que, "algunos jornaleros libres hicieron gestiones en la Alcaldía de Río Piedras para pasar a la clase de colonos libres (que) con la autorización de las autoridades contrataban los servicios de negros mayores de edad."[236]

El reflejo del malestar de algunos jornaleros por el trabajo a jornal era evidente y presentaba diferentes vertientes en cuanto a las quejas y sentir de los amos. Nelly Vázquez señala que "con frecuencia los hacendados se quejaban del bajo rendimiento de los jornaleros y de su pobre capacidad y calidad de trabajo."[237] Sin embargo, la realidad del trabajo a jornal señala que los negros libres eran más productivos que la clase servil y que por ser más numerosos en la población mostraron ser la mano de obra que permitió

---

[235] AGPR, Fondo Municipal Río Piedras: 1838-1873, caja 65

[236] AGPR. Capitanía General de Río Piedras: Esclavos y Libertos, Caja 65,(1863-1873)

[237] Vázquez Sotillo, óp. cit Pág.97.

que la economía del país pudiera avanzar en exportaciones a Europa y Estados Unidos.

Ocupaciones Artesanales

Los negros como clase artesanal adquirieron el valor de su esfuerzo y el trabajo dentro de la nueva visión capitalista que el siglo XIX acarreaba. Al estar los artesano "imposibilitados de alcanzar (altos) niveles de solvencia económica...que tuvieron que desarrollar estructuras de solidaridad mediante las imposiciones de cuotas gremiales."[238] Los trabajos artesanales en que se desempeñaban los negros libres también eran una forma de mostrar su capacidad artística. Ángel López Cantos señala "que muchos artesanos venían de familias donde generación tras generación aprendían estos trabajos.[239]"

Los gremios artesanales eran reglamentados por los cabildos que además supervisaban su labor. Luis Díaz Soler señala que "al iniciarse el siglo XVIII ya existían ocho gremios en la isla de zapateros, plateros, sastres, herreros, marcadores, labradores, albañiles y carpinteros.[240]" Aunque los artesanos estaban organizados en gremios, no eran permitidos los monopolios ni tampoco participar en reuniones de la burocracia administrativa del país. Para mediados del siglo XIX, las ocupaciones que había en la isla fueron censadas por profesiones.

---

[238] Ramos Perea, Roberto. Literatura Puertorriqueña Negra del Siglo XIX escrita por negros. San Juan: Ateneo Puertorriqueño Editorial LEA, Archivo Nacional de Teatro y Cine. 2009. Pág. 44

[239] López Cantos, Ángel. Tras las Huellas del hombre y mujer negras en la Historia de Puerto Rico. Departamento de Educación. San Juan: 2005, SE pág. 353

[240] Díaz Soler. Historia de Puerto Rico. Pág. 350-351

La siguiente tabla presenta ese censo que se toma de las notas de José Julián Acosta.

Profesiones Oficios	Blancos	Negros
Jornaleros	18,833	21,775
Labradores	17,395	9,642
Militares	11,133	44
Propietarios	8,855	4,563
Comerciantes	3,091	321
Industriales	871	512
Profesores	454	15
Fabricantes	26	6

Abbad, Historia de… pag.387

Los negros libres predominaban en el oficio de jornaleros, pero son nada más que la mitad de los que llaman labradores. Sin embargo en el reglón militar, lógicamente los blancos eran 11,133 mayorías ya que casi su totalidad eran españoles y no incluye a los miembros de las milicias, que eran vecinos de los partidos o pueblos. Puerto Rico era una fortaleza militar de España en el Caribe contra las invasiones de países enemigos. Todos los hombres entre 16 y 60 años tenían que pertenecer a las milicias urbanas. Estas incluían entonces tanto a blancos como a los negros y por ello no había que tener una estadística especial.

Se puede ver que había una importante representación negra en el área de propietarios y de industriales. Ya que no se conocen los requisitos de ese Censo para determinar cómo se incluía a una persona en una categoría particular, se tiene que dejar en entredicho la presencia negra en las áreas de profesores (¿incluía a las mujeres?) y de comerciantes. Es posible que el número de profesores negros fuera mayor y no se reflejara en la estadística.

Además no se establece si las mujeres negras estaban incluidas. Resulta curioso que al tomar este censo, no se es cónsono con los censos de población examinados donde los negros libres aparecen como mayoría sobre la población blanca en muchas partes y que su participación en las áreas censadas aparezca en cantidades inferiores. Este censo también afirma la inferencia de que el número de agregados y jornaleros debió ser alto como mulatos y negros libres.

En la medida que continuó el desarrollo económico y social de Puerto Rico surgió una mayor necesidad para trabajos y oficios como panaderos, lavanderas, planchadoras, cocineros, trabajadores de la construcción y otros que podían caer dentro de la reglamentación gremial. Estos gremios tuvieron cierta importancia social ya que los cabildos eran consultados y aprobaban sus celebraciones de fiestas religiosas y festividades gremiales.

Aparentemente, en las zonas urbanas, la presencia de los libertos y negros libres como trabajadores era más abundante que en las regiones rurales. Mariano Negrón y Raúl Portillo señalan que, "en un examen de ocupaciones de los casi tres mil residentes del barrio Santo Domingo del viejo San Juan las ocupaciones bajas más comunes fuera del servicio doméstico estaban precisamente en las de carpinteros, costureras, tabacaleros, zapateros, albañiles, doradores, jornaleros, cocineras y lavanderas." En ese barrio, en 1840, había unas 786 trabajadoras de las que unas 495 o sea el 63% eran costureras con la excepción, eran mujeres libres, propietarias o agregadas.[241]"

---

[241] Negrón Portillo Mariano y Mayo Santana Raúl. Esclavitud Urbana. pág. 81

El municipio de Guayama tenía una gran población de negros libres con oficios artesanales. "En la primera mitad del siglo XIX se conoció la familia de artesanos Alonso y Marín que eran varios hermanos tales como, Andrés, Pedro e Isidro todos ellos al igual que su padre se dedicaron al oficio de carpintero."[242] Algunos de ellos cambiaron a otros oficios: Pedro ingresó en la milicia, e Isidro se dedicó al oficio de celador. Este ejemplo se dio en numerosos casos donde las familias mantenían los oficios y artesanías como herencia.

El negro libre y las milicias

Algunos negros libres se desempeñaron como miembros de las milicias de manera permanente participando en la defensa de la tierra y su gente. Las autoridades españolas permitieron que existieran milicias urbanas de pardos y negros libres. "En el pueblo de Loíza se localizó un listado de ochenta y cuatro morenos libres que formaban parte de las milicias de ese pueblo en la primera mitad del siglo XIX.[243]" En San Juan las milicias estaban formadas por hombres de todos los grupos étnicos. Luís Díaz Soler señala que después[244] de 1823, "Miguel de la Torre temeroso de la posibilidad de una acción conjunta de los esclavos de la isla alentados por emisarios haitianos que deseaban ver emancipados a los esclavos iberoamericanos excluyó a los negros libres del ejercito peninsular estacionado en San Juan con la única excepción de una compañía de

---

[242] Ramos Perea . pág.36

[243] AGPR. Capitanía General de Loza .Listado de negros libres en Milicias 16-60 años Caja. 490

[244] Díaz Soler. Historia de la Esclavitud. Pág.225

artilleros donde los negros libres auxiliaban a oficiales y militares españoles.[245]"

Listado de las milicias de Negros libres.

Otros negros y mulatos también contribuyeron a la defensa de la Isla como es el caso de Víctor Rojas. En el partido de Arecibo, el negro libre Víctor Rojas, que nació en Arecibo en 1832, se destacó por ser un marino de importancia pues amaba el mar desde su niñez. Cesáreo Rosa Nieves relata que "en ocasión del huracán San Agapito en 1851, durante la mañana del 18 de agosto, Víctor Rojas arriesgo su vida en las aguas del puerto de Arecibo para salvar a los tripulantes del bote "El Gran Canal" por órdenes del capitán de la goleta Frederick, en forma temeraria a pesar del mal tiempo.[246]"Sus hazañas ganaron el respeto y admiración de la comunidad en la que vivía el

---

[245] Díaz Soler. Historia de Puerto Rico, pág.498

[246] Rosa Nieves Cesáreo y Melón Esther M. Colecciones Puertorriqueñas Biografías, Perfil Histórico de un Pueblo. México: Caribe Grolier Inc. P Trouman Press Sharon, Connecticut, 1986. Pág.381-384

Víctor Rojas:
mulato y marinero.

intrépido marino. En 1853, logró salvar a todos los tripulantes de la fragata inglesa James Power. Por sus actos heroicos, en 1854 el gobierno inglés le otorgó una medalla y el gobierno español le concedió la Cruz de María Luisa. La vida heroica del audaz marinero fue tronchada tras ser encerrado por una rifa de un pescado ya que esta estaba prohibida. En la cárcel perdió la razón. A pesar de haberse gestionado ante el gobierno español el indulto éste llego tarde, Y el 28 de mayo de 1888 el gran marino murió. Sin embargo, él representa otra de las muchas formas de contribución de la población negra a la sociedad y vida cotidiana de los puertorriqueños del siglo XIX.

Situación Política

En 1868, la Revolución de Septiembre destronó a la reina Isabel II de España. Tras varias disputas, los liberales lograron crear la Primera República Española que restituyó las libertades de los derechos del hombre. Fernando Picó señala que "durante ese período las facultades omnímodas de los gobernadores, según fuera el caso suplieron y restaron disposiciones a las Leyes de Indias y a los estatutos imperantes en la península. La esperanza de que fueran extensivas a Puerto Rico las sucesivas liberalizaciones que ampliaron la base social del estado en España escasamente se materializó."[247]

La aparición e implementación del Régimen de la Libreta fue un arma poderosa de los ricos hacendados para tener una mano de obra disponible que no costara tanto como los esclavos. Durante la insurrección de Lares en 1868, los negros libres quemaron las libretas que representaban el fin al odioso régimen de trabajo.

Las medidas de trabajo forzado que implantaron las autoridades de la isla para el trabajo de la economía agrícola, acabar con la vagancia y evitar la comisión de delitos, no lograron sus objetivos con efectividad. Nelly Vázquez señala que "el aparato de dominio y opresión que mantuvieron los gobernadores españoles en la isla, no evitó que persistieran los vagos mal entretenidos e inclusive de 1845-1862 los casos criminales aumentaron y por ende el número de delitos y el de los reos procesados."[248] Además, dichas prácticas no lograron aumentar el mercado de la mano de obra libre. En 1866, el gobierno de Madrid ordenó se investigase la utilidad de la libreta de jornaleros y ella demostró que la inmensa mayoría de los Ayuntamientos se oponía al sistema por no satisfacer las necesidades de la mano de obra que requerían los hacendados. Refleja esta investigación que los Ayuntamientos tenían actitudes críticas aun cuando cumplieran con los requisitos legales de informar sobre el número y lugar de estadía de los jornaleros.

El régimen de la Libreta duró entre el 1849 y el 1873 cuando se le puso fin. En el mismo año también se abolió la esclavitud por disposición de las

---

[247] Picó, Historia General pág. 179.
[248] Vázquez Sotillo, pág. 80.

Cortes en España. Esa abolición tuvo la impronta o huella de ilustres puertorriqueños, blancos y mulatos, que lucharon y presionaron como representantes de Puerto Rico para que ocurriera. Hombres como Ramón Emeterio Betances y Román Baldorioty de Castro, así como infinidad de otros que la historia de país no ha recogido trabajaron individual y colectivamente para lograrla. Siendo una de las gestas más admirables de los mulatos libres de Puerto Rico el haber ayudado a los negros esclavos a liberarse de las cadenas de esa institución.

El Negro y la Negra Libres

en la Sociedad Puertorriqueña

Decimonónica

Hasta la primera mitad del siglo XIX, la población aparece dividida en pardos, término que se designó para todas las combinaciones raciales de mulatos y morenos.

CAPÍTULO V

EL NEGRO Y LA NEGRA LIBRES EN LA SOCIEDAD PUERTORRIQUEÑA DECIMONÓNICA

La llegada forzada de africanos a las Américas impuso la tercera raíz de la sociedad gestante del Nuevo Mundo. Su contribución social y material estuvo íntimamente ligada a elementos económicos, pero estos tuvieron que ceder su primacía ante los elementos históricos demográficos, de relaciones sociales y de permanencia y creación cultural. La presencia negra estuvo en todas las Américas, pero fue muy importante en la cuenca del Caribe, aun cuando esa presencia no fue similar en tamaño y contribuciones en todas las islas y tierras de la región. El caso de Puerto Rico es al igual que en el resto del Caribe de una naturaleza única. La esclavitud como elemento económico no tuvo el mismo significado ni peso económico y social, pero si lo tuvo la sociedad negra libre cuya presencia se dio en todas las facetas de la vida rural, urbana, económica, profesional, cultural, en definitiva socialmente.

Hasta la primera mitad del siglo XIX, la población aparece dividida en pardos, término que se designó para todas las combinaciones raciales de mulatos y morenos o castas que equivalen a negros que constituían la mayoría de la clase libre en casi todos los rincones de la Isla. Al examinar el trasfondo social de numerosas familias se aprecia que la presencia de los negros libres y su impacto en la identidad social puertorriqueña son importantes, porque tuvieron una madre o padre libre o esclavo. En el siglo XIX, la inmensa mayoría de los negros o mulatos puertorriqueños eran libres y no esclavos. Luís Díaz Soler señala que, "la clase de negros libres tuvo su origen en la esclava que de ella se nutrió constantemente hasta convertirse en la más numerosa de la isla de Puerto Rico.[249]" El crecimiento de los negros libres fue tres veces mayor que la población esclava, probablemente porque eran libres su población creció sin las trabas de la esclavitud. Las fuentes documentales no indicaban el número de libertos o negros que eran libres hereditariamente. Sin embargo, comenzando con los censos de finales del siglo XVIII hasta el 1860, indican que la población de negros libres tuvo un crecimiento acelerado hasta llegar a constituirse en una población muy amplia constituyendo entre el 30% al 40%, dependiendo del pueblo examinado y la región de la Isla. Estos hombres y mujeres negras libres fueron los jornaleros, trabajadores urbanos, transportadores, agricultores, propietarios, profesionales, intelectuales, maestros y maestras, periodistas, músicos y actores, escritores, pintores y artesanos que contribuyeron al desarrollo económico y social de la isla. Veamos algunos de los ejemplos más relevantes de la contribución de los negros y negras libres a la sociedad puertorriqueña.

Cangrejos y la libertad

A mediados de la segunda mitad del siglo XVII tuvo origen esta comunidad tras haberse concedido asilo en tierras españolas a los negros esclavos que huían de las Antillas Menores vecinas del Caribe. En parte para evitar el contrabando y probablemente como una política que podría llevar a rebeliones en las tierras de los enemigos de España fue que el gobierno tomó la determinación que, "en adelante para siempre quedaban libres todos los negros de ambos sexos que de las colonias Inglesas y Holandesas de América se refugien (ya sea en tiempo de paz o de guerra) a mis dominios para

---

[249] Díaz Soler. Historia Esclavitud pág.225

abrazar nuestra fe católica y que no se moleste ni mortifique a negro o negra alguna con este fin se hallen en poder de sus dueños por el hecho de haber llegado a mis dominios han de quedar libres.[250]" Las noticias de dicha acción por España se regaron en las Antillas Menores y comenzó un éxodo de esclavos fugitivos o cimarrones que hacia Puerto Rico y el cual probablemente no disminuyó hasta la década de 1830 cuando se abolió la esclavitud en las Islas inglesas y francesa. Para mediados del siglo XVIII el número de fugitivos en Puerto Rico era de tal magnitud, "que el gobernador Capitán Don Miguel de Muesas informó al rey sobre la creación de un poblado que congregaba a los negros libres.[251]" Los libertos, inicialmente fueron a residir al Barrio de Puerta de Tierra, extramuros de la capital pero al aumentar su número, se segregaron tierras del Partido de Río Piedras, que comprendían a lo largo del Caño Martín Peña y San Antonio, así como en la parte alta de esas tierras que se conocía como el barrio de Cangrejos. Así quedó constituido el primer poblado de negros libres conocido como San Mateo de Cangrejos.

En las tierras arenosas del barrio, los negros libres lograron cultivar una variedad de productos agrícolas, como frijoles, batatas, arroz y yuca. Estos le sirvieron de sustento y de forma de comercio. De la yuca elaboraban el casabe que vendían y que vino a formar parte de la principal fuente de ingresos a niveles comerciales. Estos negros libres formaron un cuerpo de cazadores adscrito a las Milicias Disciplinadas.[252]" En el último ataque

---

[250] Díaz Soler. Historia Esclavitud Pág. 234

[251] Días Soler, Historia de la Esclavitud Pág.236

[252] Miyáres y González, Fernando. Noticias Particulares de la Isla y Plaza de San Juan Bautista: Puerto Rico Comprendidas desde la Conquista de San Juan, Diciembre de 1775

Inglés a la isla el 17 abril de 1797 por la playa de Cangrejos, esta cuerpo militar prestó gran ayuda en la defensa de la isla.[253]"

Para finales del siglo XVIII la población de Cangrejos continuó aumentando. El naturalista francés Andrés Pierre Ledrú quien visitó la Isla en un viaje de investigación y dejo una memoria, señala que este pueblecillo contaba con ciento ochenta casas y sobre setecientos cincuenta habitantes.[254]"

Inmigrantes negros y mulatos libres

A principios del siglo XIX llegaron de la isla de Guadalupe, Miguel Michel Godreau, un moreno libre y su esposa María Mónica. Este era un matrimonio mixto. Michael Godreau había sido administrador de las tierras de Mónica en Guadalupe, y cuando ella quedó viuda Godreau se casó con ella. La inestabilidad social que prevalecía en Guadalupe les llevó a viajar a Puerto Rico donde se establecieron.

A la llegada a la isla, el gobierno, basándose en la Cédula de Gracias, apoyó a Michel con una aportación de capital que le permitió establecer trapiches y cultivar la caña de azúcar en el pueblo de Salinas, así como de otros productos agrícolas. Ligia Vázquez, señala en su libro sobre Salinas," que en ese poblado había familias pobres que habían recibido terrenos por solicitudes, pero que ante la dificultad de no poseer herramientas de labranza para poder cultivarlos como era la orden del gobierno, optaron por

---

[253] Abbad y Lasierra, Ipág.252

[254] Pierre Ledrú, Andrés . Viaje a la Isla de Puerto Rico. San Juan: Ediciones Instituto de Cultura Puertorriqueña. 1957. Pág. 40

vender esas tierras.[255]" Los Godreau terminaron comprando dichos terrenos aumentando así el cultivo de café y otros frutos existentes en esa región. El padrón de terrenos de la Junta Municipal de Salinas del mes de mayo de 1860, señala que Michel Godreau contaba con unas ciento sesenta y cinco cuerdas de terrenos de cultivos. De esa manera, esta familia mulata fue transformándose hasta llegar a convertirse en hacendados puertorriqueños.

Con el paso del tiempo se crearon lazos familiares por matrimonios entre los Lanause y los Godreau.

Con el paso del tiempo se crearon lazos familiares por matrimonios entre los Lanause y los Godreau. El cubano Don Antonio Lanause, también súbdito francés, fundó la hacienda "Magdalena" en Aguirre que tenía unas trescientas treinta y una cuerdas de cultivo de cañas. Esta hacienda fue luego de don Epifanio Godreau y Lanause, vástago de ambas familias. Pronto la

---

[255] Vázquez Bernard, Ligia. Salinas de Sol y de Azúcar su historia 1508-1950. San Juan: CEA. 2000 Pág.66

familia Godreau se fue convirtiendo en gran terrateniente en el sureste de la Isla. Otra de las haciendas que perteneció a estas familias se llamó "La Providencia" de los hermanos Julio y Michel Godreau. La producción de estas haciendas continuó siendo de la caña, de café, tabaco y frutos menores.

Ruinas de la Central Azucarera del Poblado de Aguirre.

Para la segunda mitad del siglo XIX, los descendientes de Michel Godreau continuaron creando una red familiar con gran peso económico y social. El comerciante de Salinas y dueño de la "Casa Rosa" José Amadeo, emparentó con los Godreau, casando a su hija Antonia Amadeo con Tálsilo Godreau. De esa unión hubo varios hijos profesionales, uno ingeniero, otro abogado y otro profesor. Uno de sus descendientes fue alcalde de Salinas entre 1960 y 1976.

El apellido Godreau, de mulatos, se puede unir perfectamente a los de mayor distinción económica y social que proceden de la oleada de inmigrantes franceses, italianos, corsos, ingleses, holandeses y caribeños que fueron llegando a Puerto Rico a través del siglo XIX.

En la educación

Al iniciar el siglo XIX, la Isla contaba con una población de 150.000 habitantes. Pero, como en todas partes del mundo americano, la mayoría era analfabeta, solamente "el 6% sabía leer y escribir y un 3.6% sabía leer únicamente." El número de escuelas era ínfimo y en una sociedad rural, casi innecesarias. La educación de las masas no era una prioridad para gobierno ni familias, y fue con la llegada de la industrialización que la educación comenzó a tomar auge, pues hubo un movimiento migratorio campo-ciudad y aparecieron nuevos empleos que requerían el saber leer y escribir de los trabajadores.

La Isla, sin embargo, contaba con algunas escuelas necesarias para aquellos padres que deseaban dar una educación a sus hijos e hijas y para niños que poseían gran capacidad intelectual y era un deber instruirlos. Estas personas requerían de maestros y maestras para ejercer la profesión de maestro tenían que ser de buena conducta, saber leer y escribir, tener certificado de maestros de primeras letras. En la historia de los negros libres puertorriqueños se encuentran hombres y mujeres que dedicaron su tiempo y se realizaron como maestros y maestras en la enseñanza primaria de la Isla.

En el magisterio del siglo XIX se conoce de un sanjuanero que uso de su tiempo para educar niños de la ciudad: Rafael Cordero Molina. "Este nació el 24 de octubre de 1790 en San Juan. Era hijo legítimo de Lucas Andino, moreno libre, artesano y Rita Molina parda libre costurera.[256]" La madre, que venía de una familia de maestros, y su hermana Celestina, se encargaron de su enseñanza en el hogar. Desde temprana edad, Rafael tenía una gran atracción por la lectura. El anhelo del joven era llegar a ser maestro. Sus sueños no tardaron mucho en convertirse en realidad.

---

[256] JacK & Irene Delano. Maestro Rafael Cordero. Pág. 5

En 1810, y a los veinte años de edad, Rafael Cordero abrió su escuela de primeras letras con la enseñanza de lectura, escritura, aritmética y doctrina cristiana a párvulos, "en su propia casa de la calle Luna #94 en San Juan.[257]" Durante los primeros dieciocho años de su escuela, la enseñanza gratis fue para negros, mulatos y pardos pobres. También tuvo discípulos blancos que pagaban: "los hijos de familias ricas aportaban lo que querían para la educación de los párvulos, pero la escuela era gratuita y recibían la instrucción sin cobrar un solo centavo.[258]" Para los alumnos que necesitaban de disciplina usaba el "el rebenque" (rabo corto) con dulzura el cual no causaba rebeldía en los discípulos. El maestro Cordero buscaba con la enseñanza "sacar a su gente de la ignorancia enseñándole a leer y escribir inculcándole decencia humana.[259]" Este hombre fue el primer negro libre puertorriqueño que se distinguió en la educación aunque sin ninguna educación formal o título. Por cinco décadas forjó profesionales de la sociedad puertorriqueña. Por su aula pasaron hombres como los mulatos Román Baldorioty de Castro y Sotero Figueroa, y de la "elite" criolla hicieron distinción a su aula Alejandro Tapia Rivera, José Julián Acosta, Manuel Elzabúru, Francisco del Valle Atiles, Lorenzo Puentes Acosta y José Gualberto Padilla (el Caribe). Este último, poeta, escribió de su maestro: "Hay negros en este suelo que sin que le falte un pelo valen más que algún caucásico, (blanco y donde los blancos son como aquel que los moteja, (censura) ningún etíope se deja poner de él paragón.[260]"

---

[257] Rivera Abad Oscar, OSB. Maestro Cordero, Pág. 69

[258] Rivera ,Abad.ópcit Pág. 72

[259] Maestro Rafael Cordero. Pág.10

[260] Padilla, José Gualberto, (el Caribe), Para un Palacio u Caribe. San Juan: Departamento de Educación, Taller de Artes Gráficas 2004, pág. 44. Derechos Reservados descendientes de Gualberto Padilla.

EL NEGRO Y LA NEGRA LIBRES / PUERTO RICO 1800-1873

Maestro Rafael Cordero

Maestra Celestina Cordero

Maestro Eleuterio Lugo Pérez
Periodista y poeta

Eleuterio Derkes
Maestro de Guayama

Para lograr más ingresos elaboraba cigarros en su casa al finalizar las clases diarias; también llegó a ejercer otras tareas artesanales como arreglo de zapatos. "En 1838 heredó la casa que le dejaron sus padres al estos fallecer, con un valor de 3,000 pesos en la calle Luna # 94.[261]" El Maestro Cordero nunca se casó, y vivió consagrado a su fe religiosa y a la enseñanza de niños. En 1865, a los setenta y cinco años de edad y luego de haber dedicado cincuenta y cinco años a la enseñanza, el gobierno lo nombró instructor, además de concederle un salario de quince pesos mensuales. "La Sociedad Económica Amigos del País, principal organismo educativo le otorgó el premio "La Virtud" por su esfuerzo en la labor de la enseñanza. El cincuenta por ciento del premio, Cordero lo dedicó a materiales y ropa para los niños pobres y la otra parte la repartió a los menos válidos. Entre los reconocimientos a la labor de enseñanza del maestro Cordero en 1867, "la Revista de Las Antillas publicó un extenso editorial elogiando la labor del maestro Rafael Cordero.[262]"

Por último, este negro libre levantó una tribuna para la educación en la misma capital, enseñando a los hijos de blancos y de negros. Entre sus proezas está el lograr hacer de su escuela una donde ocurría la convivencia entre negros y blancos. El país le ha recordado nombrando varias escuelas con su nombre.

En la historia de la educación del siglo XIX, la mujer careció de mención en la instrucción en momentos que las mujeres eran discriminadas. Mucho antes que hubiera maestros varones, ya existían las maestras. Una de esas maestras negras fue "Bibiana Molina abuela materna de Rafael Cordero. El

---

[261] AGPR. Repartos Municipales. San Juan: legajo 123, a f 9437-1861.
[262] Rivera Oscar, OSB. Vida y Obra Maestro Cordero pág.88

Dr. Arturo Dávila, historiador estudioso de las Artes en Puerto Rico presentó una ponencia donde mencionó que tanto Bibiana como sus hermanas y familia eran maestras en Arecibo.[263]"

Otra maestra de la familia Cordero Molina fue María Gregoria Cordero, hermana mayor de Rafael, que nació el 11 de marzo de 1784"[264]. Ella recibió la instrucción de su madre Rita Molina y su padre. Desde su nacimiento María Gregoria nació "baldada, (impedida, sufría de agotamiento)." Aun así ayudaba a instruir a los niños de la vecindad. Nunca se casó y al igual que su hermano vivía una vida muy religiosa. Su otra hermana, Celestina Cordero nació el 6 de abril de 1787 en San Juan. También fueron sus padres sus maestros educándola en el hogar. Desde los 8 años, Celestina enseñaba a escribir y a leer a los niños del vecindario donde vivían. Para la enseñanza oficial como maestra necesitaba obtener una licencia del cabildo que se hizo difícil conseguir, por lo que logró conseguirla con la autorización del obispo. Posiblemente su humildad y religiosidad permitió vencer dichos obstáculos. A principios de la primera década del siglo XIX, Celestina Cordero comenzó a enseñar como maestra en el Cabildo de San Juan a ciento dieciséis niñas. Al pasar el tiempo se hizo imperioso llenar las necesidades en la escuela y en 1817, Celestina solicitó a los miembros del Cabildo de San Juan, "que se dotara su escuela como las otras cuatro, petición que fue denegada por insuficiencia de fondos.[265]" Fernando Picó señala que, "en el municipio, sin embargo se ha encontrado que son las 'elites criollas' locales que se despreocupan por las escuela y los gobernadores los que oprimen a los

---

[263] Rivera Oscar OSB, Vida y Obra Maestro Cordero. Pág. 60

[264] La fecha de nacimiento de María Gregoria Cordero, aparece incorrecta en el libro, debe leer 1784 y no 1884.

[265] Delano Jack & Irene. Maestro Rafael Cordero. Pág.28

municipios para que cumplan su responsabilidad.[266]" Durante tres décadas, Celestina estuvo dedicada a la enseñanza de niñas. Pero en "1832 enfermó de parálisis y demencia." Su hermano Rafael Cordero tuvo que hacerse cargo a ella y su hermana María Gregoria asumió en parte la responsabilidad de la escuela. En 1851, Rafael acudió al Cabildo en auxilio de Celestina que había dedicado su vida a la enseñanza de niñas para que, "se asignase una pensión y que la escuela quedara atendida por dos alumnas sobresalientes de Celestina que la ayudaban, Justa y Micaela González.[267]" Dicha petición fue aceptada por los miembros del Cabido. Celestina Cordero fue una de las precursoras de la educación femenina en Puerto Rico, en una época en que la educación de la mujer era muy limitada. Igual que entre la gente blanca, las mujeres negras que se educaban traían de sus padres que sabían leer y escribir esas primeras letras.

En el partido de Guayama hubo otro maestro mulato reconocido en la educación. Eleuterio Derkes, mulato, nació en 1836 en Guayama. Su padre era de Curazao que inmigró a la isla y se casó con una negra libre criolla. Derkes recibió educación de primeras letras de Rafael Castro, un venezolano culto exilado por las luchas bolivarianas. A los veinte años, Derkes aprobó los requisitos que le permitirían ejercer como profesor de primeras letras.[268]" Su dominio de los idiomas francés e inglés lograba generar ingresos haciendo trabajos de traducción. En 1868 estableció una escuela de primeras letras con un buen currículo en la enseñanza de gramática, escritura, lectura, aritmética, geometría, geografía e historia sagrada. Todo

---

[266] Picó, Fernando. Los Cayeyanos. San Juan: Ediciones Huracán Inc. 2007 pág.81

[267] Rivera Oscar OSB. Maestro Rafael, pág.85

[268] Ramos Perea, Roberto .Literatura Puertorriqueña Negra del Siglo XIX escrita por negros. San Juan: ateneo Puertorriqueño. Editorial LEA, Archivo Nacional de Teatro y cine. 2009 pág. 16

parece indicar que por el contenido curricular los discípulos tenían una excelente base académica al continuar estudios secundarios. Muchos de sus estudiantes eran hijos de la elite de Guayama. El pago que recibía lo dejaba a discreción de los padres. Esta acción lo ayudó a ganar el reconocimiento, respeto y alta estima como maestro de los hijos entre las familias más prominentes de Guayama, contrario a los maestros blancos cuyas tarifas eran fijas y altas.

El bagaje intelectual y cultural que distinguió a este hombre era extenso. Entre sus actividades estuvieron el ser dramaturgo, crítico, poeta y escritor. Una de sus primeras obras fue "Ernesto Le Febre o el triunfo del talento." Otra de sus obras, "Don Nuño Tiburcio" atacaba los estereotipos de todos los ricos que eran malos y avaros. El "Tío Fele" fue una obra relevante por sus denuncias al racismo. Entre 1871 y 1872 se publicaron dos de sus obras: un libro de poemas y un drama, "El Triunfo del Talento" en cuatro actos. En las noches, Derkes impartía clases gratuitas de primeras letras a negros libres artesanos, mientras que por el día tenía alumnos blancos, siendo tutor en sus casas de algunos de ellos. El hecho de llegar a ser un negro educado trajo problemas con aquellos que por racismo o envidia se molestaban con sus habilidades y talento. Su mujer, Eulalia Rodríguez, era una negra que se empleaba como doméstica y con su ingreso ayudaba a la economía del hogar. Derkes fue defensor de las ideas de igualdad inspiradas en la Revolución Francesa y también fuerte defensor de las luchas feministas y en la que sus escritos morales iban dirigidos a civilizar y educar a las mujeres.

Derkes también participó en la vida política de Guayama. El 14 septiembre de 1873 fue elegido vocal a la Junta de Gobierno del Partido Reformista de Guayama. Se le encuentra activo en la política del pueblo firmando la reorganización del partido reformista. Derkes fue un ferviente admirador de las doctrinas de Allan Kardec, el filósofo espiritista. En los siete años que tuvo su escuela aportó al desarrollo cultural de los hijos de las familias más prominentes de Guayama, como fueron los Dalmau y los Venegas. Este mulato libre educado es otro ejemplo de la contribución mulata y negra libre al país. Fue maestro y dramaturgo de relevancia local, aportando a la educación y el teatro del país en el siglo XIX.

Eleuterio Lugo Medina nació en 1858 el pueblo de Guayama. Además de haber sido maestro de primeras letras fue periodista y poeta, y publicó algunas obras. Una de estas es el libro titulado 'Juan Churrita' y un fragmento titulado ´La Escuela y la Patria.´ Algunos de sus trabajos fueron hechos para el debate político.

Los próceres mulatos

Los negros y mulatos puertorriqueños también se distinguieron en fases profesionales que les llevaron a ser considerados como próceres en la historia del país. Román Baldorioty de Castro nació el 22 de febrero de 1822 en el pueblo de Guaynabo. Él fue un hijo natural de una mujer mulata llamada María del Rosario Baldorioty y del español Juan de Castro. La mezcla racial ha sido una característica social de Puerto Rico y de las Américas desde el comienzo de la conquista en el siglo XVI y lo continúa siendo en el siglo XXI. María del Rosario, mujer humilde se dedicaba a lavar ropa. Ella notó en que desde temprana edad el niño mostró afición por las matemáticas y las ciencias, de manera que para lograr dar a su hijo una mayor posibilidad de educación, se mudó a San Juan, al barrio de la Marina extramuros. Allí continuó lavando ropa para familias de la ciudad. Cuando el niño cumplió los nueve años comenzó en la escuela primaria de Rafael Cordero. Pronto su potencial intelectual le destacó y pudo pasar a estudios secundarios que realizó en el Seminario Conciliar San Ildefonso, de la calle del Cristo. Román Baldorioty fue el primer mulato en entrar a esa institución. Allí tuvo la protección y guía del padre Rufo Manuel Fernández, un gallego erudito que dirigía la institución. Junto a otros dos estudiantes, el Padre Rufo deseaba enviar a Román a estudiar a España en la Universidad, pero necesitaba legalizar su nacimiento. A los alumnos que aspiraban continuar estudios en las universidades en la Península les exigían ciertos requisitos. Manuel Elsaburu explica que tenían que ser descendientes de puros españoles nacidos en las Indias. Para ello el Padre Rufo viajó a Yauco, donde vivía el señor Castro para convencerlo de la necesidad de legitimar a su hijo Román Baldorioty, lo cual logró. Sin embargo, Román continuó anteponiendo el apellido de su madre al del padre, probablemente por la gratitud hacia su madre que lo convirtió en un hombre de provecho.

Los próceres mulatos: Ramón Emeterio Betances, Román Baldorioty De Castro y José Celso Barbosa. La mezcla racial ha sido una característica social de PR y las Américas desde comienzo de la conquista en el siglo XVI y lo continúa siendo en el siglo XXI.

Román viajó a Europa y sus estudios fueron inicialmente sufragados por el Padre Rufo. Estando en Madrid ocurrió una epidemia de viruela y los tres compañeros de Baldorioty cayeron enfermos, siendo él la persona que les cuidó. Sin embargo, Eduardo Micault murió y la Real Subdelegación de Farmacia de Puerto Rico pasó a Román la beca que tenía Micault. Mientras estudiaban en Madrid, Baldorioty organizó un grupo de estudiantes puertorriqueños que formaron la Sociedad Recolectora de Documentos Históricos de la Isla de Puerto Rico. Su propósito era recoger y publicar todos aquellos documentos relacionados con la historia de la Isla que pudieran encontrar en España. Otros miembros de esta sociedad fueron Segundo Ruiz Belvis y Alejandro Tapia y Rivera quien publicó una colección de documentos para la Historia de Puerto Rico.

En 1851, Baldorioty junto a su amigo y compañero de estudios José Julián Acosta, recibieron los grados de Bachiller en Filosofía y Licenciatura en Ciencias Físico-Matemáticas. Baldorioty logró por su gran aprovechamiento en sus estudios de la Licenciatura otra beca del gobierno español para hacer estudios complementarios en la Escuela de Arte y Manufactura de Paris, marchando hacia esa ciudad en ese mismo año para continuar sus estudios.[269]

Al finalizar regresó a Madrid donde recibió una oferta de dictar cátedra en una universidad española, pero él la cual rechazo. Regresó Baldorioty a Puerto Rico en 1853 y una de sus primeras actividades fue pedir al gobernador Fernando de Norzagaray un permiso para crear un Jardín Botánico en el Paseo de la Princesa, lo cual le fue concedido. El proyecto no se realizó pues un nuevo gobernador no lo permitió. El gobernador

---

[269] La EcoleCentrale de París, también conocida como Escuela de Artes y Manufacturas de París, fue y es una de las más reconocidas escuelas de ingeniería de Europa y del mundo. Se fundó en 1829 y desde entonces han pasado por sus aulas algunos de los más distinguidos ingenieros europeos y el puertorriqueño Baldorioty de Castro. Cuando estudiaba allí fue compañero, aunque no se sabe si se conocían, del estudiante Gustavo Eiffel, constructor de la famosa torre de París. Otros estudiantes fueron André Michelin (llantas de autos) y Armand Peugeot (autos).

Norzagaray también le designó profesor de la cátedra de Física y Química en el Seminario Conciliar. En 1854 se le permitió enseñar la cátedra de Náutica de la nueva Escuela de Comercio, Náutica y Agricultura que se había inaugurado en San Juan.[270]"

Entre 1854 y 1870, Baldorioty fue nombrado a diversas comisiones de estudio de la geografía, agrimensura, estadísticas y como juez en las Exposiciones o Ferias de Puerto Rico por varios años. Esto le permitió escribir las Memorias o Comentarios a lo que ocurría en esos eventos. En 1867 se le nombró representante de Puerto Rico en la Exposición Internacional de París a la cual contribuyó con una extensa Memoria de 366 páginas. Allí pudo participar de lo último del momento que fue un viaje en un globo de aire.

En 1855 contrajo matrimonio con Matilde Díaz perteneciente a una de las familias distinguidas del pueblo de Yabucoa. De esta unión nacieron seis hijas y dos hijos. Su vida, sin embargo, no estuvo exenta de problemas: todos esos hijos fallecieron jóvenes llenando al matrimonio de un profundo pesar.

Y a Román no le faltaron enemigos políticos, en parte por tener él ideas liberales, opuestas al régimen conservador del gobierno, por lo que fue separado de la cátedra por considerarlo un rebelde y separatista por sus actividades políticas.

Román Baldorioty de Castro fue un hombre de gran versatilidad demostrando su talento en la política, el ensayo, la crítica literaria, el periodismo y la educación. Todas habilidades que le llevaron a destacarse en

---

[270] Rosa Nieves, Cesáreo y Melón Esther M. Biografías Puertorriqueñas: Perfil histórico de un Pueblo Colecciones puertorriqueñas México: CaribeGrolier. 1986 pág. 48

la sociedad de la segunda mitad del siglo XIX y que le permitió ocupar posiciones de importancia. En 1860 y en unión a Pedro Gerónimo Goyco, José Julián Acosta, Ramón Emeterio Betances y otros compatriotas comenzó la política liberal en Puerto Rico.

A raíz de la Revolución Septembrina en 1868 contra la reina Doña Isabel II, España entró en una etapa dominada por los liberales. En 1869, Baldorioty fue electo Diputado a las Cortes Constituyentes representando a Puerto Rico. En esas Cortes se destacó en 1870 con un discurso inicial donde solicitó que se discutiese el Proyecto de la Abolición de la Esclavitud en Puerto Rico. Logró que al combatir con entereza el régimen del gobernador General José Laureano Sanz en Puerto Rico, este fuese reemplazado por el General Gabriel Baldrich. En su labor como diputado consiguió en parte enmiendas a la Ley Moret, o ley de vientres, de la esclavitud. En Madrid fue vocal de la Junta Directiva de la Sociedad Abolicionista Española. También desde su posición como diputado logró que en 1871 se aprobaran las bases para la fundación de un Banco de Emisión y Descuento a Préstamos para la agricultura y el comercio. Además contribuyó a la apertura del mercado internacional del café para Puerto Rico.

De regreso en Puerto Rico trabajó en la administración de las salinas de Cabo Rojo. En el 1873 comenzó en Ponce, el periódico de su propiedad "El Derecho." Sin embargo, en 1875, regresó a la gobernación de la Isla, su enemigo el General José Laureano Sanz y Baldorioty emigró a Santo Domingo donde fundó el Colegio Antillano y también fue director de la Escuela Náutica.

Las obras de Baldorioty incluyen: Las Facultades Omnímodas, Interpelación del diputado Luís Padial y sus consecuencias, Los Diputados en Puerto Rico y artículos periodísticos. En 1877, regresó a la isla y trató de fundar en Mayagüez la escuela "Filotécnica," pero el gobernador General Eulogio de Despujol no se lo permitió porque Baldorioty no poseía el diploma de maestro normal.

Finalmente, fue Baldorioty el presidente de la Asamblea fundacional del Partido Autonomista de Puerto Rico en Ponce en 1880. En 1887, el gobernador Romualdo Palacio encarceló a Baldorioty junto a otros líderes autonomistas en el Castillo del Morro.

Román Baldorioty de Castro fue un incansable luchador por la libertad, apoyando la abolición de la esclavitud y por los derechos políticos de los puertorriqueños a través de la autonomía de la Isla. Este hombre fue uno de los primeros próceres mulatos en la historia de Puerto Rico y es recordado en edificios, calles y monumentos. Su presencia fue alabada por Ramón Emeterio Betances quien lo llamó "la eminencia prieta."

Otro gran hombre de la historia puertorriqueña fue Ramón Emeterio Betances Alacán, un mulato que nació el 8 de abril de 1827 en Cabo Rojo. Su padre Felipe Betances fue un inmigrante de Santo Domingo que se casó con María del Carmen Alacán, hija de españoles nacida en Cabo Rojo. En relación a su origen étnico, Ramón Emeterio Betances nunca negó ser mulato. Su acta de bautismo aparece en el libro de los pardos.[271] A los nueve años quedo huérfano de madre. El padre lo envió a Tolosa, Francia, donde en 1846 terminó la licenciatura en letras y ciencias; dos años más tarde se graduó de medicina. Al regresar a la Isla puso su trabajo y dinero al servicio de ricos y pobres por lo que se ganó el aprecio de las gentes del Oeste de Puerto Rico al punto que lo llamaron el padre de los pobres. Su trabajo como

---

[271] Libro 6 de Bautismos de Pardos, folio 71, iglesia San Miguel Arcángel de Cabo Rojo,

médico lo hizo famoso durante la epidemia de viruela que ocurrió en la Isla. En 1855 la Isla fue azotada por la epidemia del cólera, y Betances se distinguió por los servicios médicos que ofreció a cientos de personas afectadas en las poblaciones del oeste de Puerto Rico.[272]"

Betances fue un gran defensor de la abolición, enemigo acérrimo de la esclavitud. Su educación en Francia lo puso en contacto con las ideas de derechos y libertades nacidas de la Revolución Francesa de 1789. Para él era inaceptable cualquier forma de opresión social. Desde temprano y junto a su amigo Ruiz Belvis, liberaban niños esclavos con el pago de veinte cinco pesos en la pila bautismal. En 1856, fue uno de los fundadores de la Sociedad Abolicionista de Puerto Rico y participó en las luchas iniciales a favor del abolicionismo. Por sus ideas liberales y su defensa de la abolición representaba una amenaza las visiones conservadoras que dominaba el país fue expulsado de la Isla en 1858.[273]"

El gobernador Félix María Messina desterró a Betances entre 1862 y 1865, esta vez por la propaganda sobre libertad y democracia en luchas por sus ideas separatistas y su creación de una Confederación de las Antillas. Las luchas separatistas cada día eran más intensas. Nuevamente en 1867, Betances fue asociado con movimientos sediciosos por lo que el gobernador José María Marchessi, lo desterró a Madrid. Ramón y su amigo Segundo Ruíz Belvis huyeron a Santo Tomás, escapando por el puerto de Guánica. Estando allí, Betances redactó los Diez Mandamientos de los Hombres Libres en noviembre de ese año. Estas son:

---

[272] Suarez Díaz, Ada. El Antillano: Biografía de Ramón Emeterio Betances 1827-1898. San Juan: Biblioteca del Centro.2004 pág. 24

[273] Suarez Díaz, Ada Óp. Cit pág.26

1 - Abolición de la esclavitud, Derecho de votar todas las imposiciones.

2 - Libertad de cultos. Libertad de la palabra. Libertad de imprenta.

3 - Libertad de comercio. Derecho de reunión. Derecho de poseer armas.

4 - Inviolabilidad de la persona. Derecho de elegir nuestras autoridades.[274]

En 1868 y con la ayuda de varios líderes del movimiento de independencia, de esclavos y de negros libres fue parte esencial de la insurrección de Lares el 23 de septiembre de 1868. Dicha gesta hay que destacar que fue el primer intento de los puertorriqueños para lograr la libertad política de Puerto Rico por lo que se le conoce como el Padre de la Patria.[275] Dicho reclamo ha trascendido en la época contemporánea por lo cual se sigue conmemorando por el significado político que tiene.

En su vida profesional, Betances escribió varios trabajos de investigación científica sobre enfermedades tropicales publicados por la Academia de Medicina de Francia. Su labor médica en Francia fue galardonada por el gobierno de ese país con el premio de la Legión de Honor. También se distinguió como escritor con obras como: Conquista de esta Isla Boricua de 1852, Las Cortesanas de París en 1853, Un primo de Luís XIV de 1853, La Virgen de Borinquén de 1859 y Los Viajes de Escaldado, una sátira sobre los abusos de la civilización de 1890.

---

[274] Primeras constituciones de Latinoamérica y el Caribe. Vol.6. Biblioteca Ayacucho. Caracas: Editorial Ayacucho, 2011. Pp. 52-53.

[275] Betances fue arrestado en St. Thomas y el barco "El Telégrafo" que conduciría armas y bastimentos a Puerto Rico fue detenido por las autoridades danesas. Moscoso, Francisco. "Betances en el Grito de Lares." www.mayagüezsabeamango.com/indexphp

Ramón Emeterio Betances fue el primer puertorriqueño mulato que fue un médico graduado de medicina en Francia. Sirvió en los pueblos de Mayagüez, luego en Cabo Rojo. Su labor política le ha hecho merecedor de padre de la patria puertorriqueña, un mulato libre.

El negro en la cultura general de la Isla

La huella del negro es evidente en la sociedad y la cultura puertorriqueñas. Al crecer la población y durante el siglo XIX hubo un florecimiento de la cultura en la Isla que se enriqueció con otros sonidos, colores y gustos traídos por los inmigrantes y por la sociedad negra y mulata que existía en el país. Entre esos sonidos están los ritmos que acompañados por bailes en algún momento llegaron del África para ser transformados en la tierra boricua.

Uno de los aportes más importantes de las tradiciones de la cultura africana en Puerto Rico ha sido "la bomba." Baile que usaban los negros en el festejo de las fiestas. Ángel Quintero señala que la bomba es en Puerto Rico la música más identificada históricamente con la plantación esclavista y la población negra libre"[276]. De igual manera la huella se dio en otros países caribeños, pero con esos ritmos y bailes en diferentes manifestaciones musicales: el son de Cuba, el merengue de Santo Domingo y la cumbia colombiana. El viajero francés Pierre Ledrú dejo una descripción de un baile que ofrecía el mayordomo de la hacienda de don Benito a orillas del río Loíza para festejar el nacimiento de su primer hijo. Una mezcla de blancos, mulatos y negros libres formaban un grupo, hombres con pantalón y camisa

---

[276] Quintero Rivera, Ángel. Salsa O Sabor, Sociología de la Música Tropical. México: DF. Ediciones Siglo XXI, 1999 pág. 201

de indiana y las mujeres con trajes blancos largos collares de oro y todos con las cabezas cubiertas y sombrero, al son de la guitarra y el tamborín bailaban la Bomba.[277]"

Mulatas bailando.

La historia de la música puertorriqueña presenta a numerosos músicos, compositores, y cantantes negros y mulatos. Uno de ellos que se destacó por sus composiciones y talento musical fue el mulato Felipe Gutiérrez Espinosa. Él nació en San Juan el 26 de mayo de 1825. De su familia no se conoce nada, excepto que logró vencer la precariedad poniendo gran intensidad en la composición y la creación de música sacra. Fue un compositor de varios géneros que incluyeron música para misas, coros, ópera y zarzuela. Felipe dominaba casi todos los instrumentos que formaban una orquesta. En 1845, ingresó como militar en el Regimiento de Iberia, donde sirvió como músico.

---

[277] Díaz Soler. Historia de Puerto Rico, pág. 306

Su versatilidad le ganó fama en poco tiempo. En 1858, el Obispo de San Juan, Pablo Benigno Carrión lo nombró maestro de la capilla de la catedral y en ese mismo año compuso una misa en do mayor. En 1872 fundó la Academia de Música en San Juan con la ayuda de la Diputación Provincial y subvencionada por el Ayuntamiento. Entre sus discípulos estuvo José Celso Barbosa que participó del orfeón de la Catedral.

Como compositor, Felipe ganó varios premios. Uno de ellos por la ópera Guarionex, escrita en 1856 con libreto de Alejandro Tapia. El historiador Gustavo Batista señala que, "esta obra lo convirtió en el primer músico en el Caribe en llevar al pentagrama una ópera.[278]" Otras composiciones suyas son: Pequeña misa en do menor; Misas de la circuncisión, a tres voces; Misa de la purificación y Misa de la Asunción. En 1873 viajó a Europa para desarrollarse como compositor. El maestro Felipe Gutiérrez fue un mulato destacado en la música sacra, músico de la Catedral que era un cargo de gran respeto social, y compositor de óperas. También fundó la primera Academia de Música en San Juan.

Otros mulatos en la música del siglo XIX fueron miembros de una familia de negros libres donde existía una tradición musical por herencia. Juan Inés Ramos, de Arecibo, fue miembro de la banda del municipio. Su hijo mayor Adolfo Heraclio Ramos, quien nació el 20 de abril de 1837 estudió música con su padre y con un maestro alemán estudio el piano. El musicólogo Fernando Callejo señala que Ramos fue un pianista superior al maestro Tavares y que la soltura que tenía del teclado le permitía tocar a Liszt, Bach y Chopin, entre otros. Adolfo Heraclio también se desempeñó como maestro

---

[278] Batista, Gustavo. Nuevos Descubrimientos de la vida de Felipe Gutiérrez Espinoza. San Juan: Arte y Cultura Ateneo Puertorriqueño 23/11/2010 agenda universia/PR.

de música en su pueblo. El otro hijo de Juan Inés, Federico, nació en Arecibo el 14 de abril de 1857. Este fue discípulo de su hermano Adolfo y también se destacó como pianista. Su talento musical hacer una serie de composiciones que le dieron cierta fama local."[279]

Las esposas de Juan Inés y Adolfo Heraclio no son mencionadas en las fuentes históricas, "pero si la del hermano menor Federico Ramos. Ella era Rosa Antonini Danseau con la que tuvo seis hijos, siendo Ernesto Ramos Antonini el menor. Este distinguido político de la primera mitad del siglo XX fue también un excelente pianista y padre de las Escuelas de Música de Puerto Rico."[280]

Otro negro libre que se destacó en la sociedad puertorriqueña fue Sotero Figueroa. El nació en San Juan en 1855 y también fue discípulo del maestro Cordero. Se destacó como periodista, orador e impresor de libros. Además escribió varias obras de teatro, poesías y algunas reseñas biográficas. De su colección de biografías, la más relevante fue "El Ensayo," premiado en Ponce en el Certamen del Gabinete de Lecturas, el 1 de julio de 1888. Fue además un luchador por la independencia habiendo participado junto a Martí y otros líderes caribeños por la independencia de Cuba y Puerto Rico.

Carlos Casanova Duperoy, otro mulato destacado en la literatura y la música del país, nació en Mayagüez en 1856, de una familia muy pobre. Sin embargo, su talento musical le llevó a ser considerado como uno de los pianistas más destacados del país en el siglo XIX. Además como escritor fue

---

[279] Rosa Nieves y Melón. Óp. Cit pág. 221

[280] López, Adolfo R. Herencia Africana en Puerto Rico un Recuento Breve. San Juan: Editorial Cordillera 2005. Pág. 15

poeta, crítico teatral y periodista en la Revista Blanca y en el Diario Popular de Mayagüez bajo el seudónimo de Severo Roció y Héctor Dechair.

El negro libre Manuel Alonso Pizarro nació en 1859 en Guayama. Su abuela materna y su madre fueron mulatas libres. Su madre Matilde Pizarro casó con su padre Nicolás Alonso Marini, de Naguabo quien era carpintero. Manuel Alonso Pizarro creció aprendiendo a ser tipógrafo, pionero en el teatro artesanal, poeta y zapatero. Aunque pobre pudo generar una abundante aportación literaria y teatral. Algunas de sus obras de teatro, escritas entre 1886 y 1902 son: Me saque la lotería; Fernando y María; Cosas del día; Los amantes despreciados; y El hijo de la verdulera. También participó en la creación de una Fundación de Teatro de la Clase Obrera. Su labor ha sido relativamente oscura, pero su contribución a la cultura es indudable.

El aumento de superación de la clase libre fue notable para 1860, los negros libres constituían la tercera parte de los propietarios del país."[281]

Los negros y negras libres lucharon por abrirse espacios sociales y económicos dentro de una sociedad dominada por blancos y en áreas que de trabajo que alcanzaban las clases pudientes. La autora Katherine Renée señala que, "los negros libres en Puerto Rico ocuparon posiciones económicas que tradicionalmente habían estado cerrados a esa clase en la región del Caribe, donde un número de la sociedad de puertorriqueños gestionaron obtener mejores derechos y cambios que prevalecieron respecto a descendientes de gente africana."[282]

---

[281] Díaz Soler. Historia de Puerto Rico. Pág. 449

[282] Renée, Dungy Kathryn."A Fusion of the Races" Free People of Color and the Porto Rican Society, 1795-1848", PH.D.dissertation. Duke University, 2000

El siglo XIX fue de gran riqueza creciente para la participación de negros y negras libres en la Isla de Puerto Rico. Muchos de ellos demostraron sus habilidades y sentaron pautas, tradiciones, y estilos que fueron aceptados por la "elite" blanca. Las actividades profesionales, comerciales y religiosas de ese grupo tenían la presencia negra libre en todo tiempo, como consultores y creadores de esas actividades.

Los mulatos y negros libres que se destacaron como próceres en las luchas por la abolición, por la independencia del país, por ser líderes de sus regiones y por su participación social como médicos, abogados, músicos, artesanos y trabajadores han aportado profundamente a la historia, a la formación social y a la identidad de los puertorriqueños durante los primeros setenta y tres años del siglo XIX.

Puerto Rico no hubiera podido ser Puerto Rico sin la contribución y presencia de los negros y las negras libres.

Conclusiones

María D. González García, PhD

Esta investigación es el comienzo de lo que debe ser un esfuerzo de muchos para descubrir la historia cotidiana del país en el siglo XIX y las relaciones sociales que fueron forjando la identidad puertorriqueña.

CONCLUSIONES

Los negros y negras libres que vivieron durante los primeros setenta y tres años del siglo XIX puertorriqueño tuvieron una gran importancia en el desarrollo económico y social de la Isla. Este estudio se dedica a explorar la presencia negra en Puerto Rico, con énfasis primordial en la población libre: libertad a la que llegó por herencia, por compra o por llegar libres al país.

Los europeos encontraron una población nativa en las tierras del Nuevo Mundo y la añadieron a una población forzada del África. Tanto indios como negros sirvieron como esclavos para realizar los trabajos de minería, agricultura y servicios domésticos que requerían los españoles. Sin embargo, vemos como desde los primeros viajes de castellanos, estos fueron acompañados por hombres negros libres que vivían en la Península y que participaron de la Conquista de tierras y gentes. Hombres negros como Juan Garrido y Pedro Trujillo acompañaron a Juan Ponce de León en su expedición a Puerto Rico.

La llegada de africanos esclavos bozales desde 1517 generó un aumento de la población negra que llegó a todos los territorios dominados por España en América. Sin embargo, las relaciones sociales y económicas que se dieron en cada territorio variaron de acuerdo a diferentes elementos: tamaño de la población indígena, de la población africana, el número de mujeres africanas versus nativas y españolas, y algunas otras que dieron características distintas a la negritud y su contribución social y cultural.

Un análisis de los censos permite ver como la población negra libre constituía un alto porcentaje de la población de Puerto Rico antes de 1860. Esa presencia negra y mulata tuvo necesariamente que participar de la mayoría de los eventos de origen de la identidad puertorriqueña que la mayoría de los críticos asocia con el siglo XIX.

Los castellanos se unieron a mujeres negras desde el comienzo de su presencia en América y en Puerto Rico. Estos, fuesen hombres que venían a buscar fortuna o forzados por el estado como soldados, eran generalmente solteros y tuvieron hijos mulatos y mestizos con gran celeridad. En el caso de Puerto Rico, especialmente desde finales del siglo XVI, la presencia militar se hizo constante por ser un bastión militar de España de defensa del Caribe. Datos de los siglos XVIII y XIX describen y señalan que las uniones interraciales eran constantes, y que preocupaban a la Iglesia y al Estado por igual, pero que no podían hacer nada al respecto. Estos soldados se arranchaban con las negras libres en relaciones de concubinato y dejaban una prole mulata que podía variar en colores de piel desde lo más oscuro hasta lo más claro. Estos a su vez continuaban mezclándose en una cadena de acciones que continúan en el siglo XXI. Muchos de esos niños eran aceptados por sus padres, o sacados de la pobreza o la esclavitud. Un análisis de los registros parroquiales de la Isla reflejan la enorme cantidad de hijos naturales en el país desde el siglo XIX hasta la mitad del XX.

El caso de Puerto Rico parece no tener parangón en la América. Para mediados del siglo XVII comenzaron a llegar negros fugitivos a la isla pertenecientes a las Antillas Menores en manos de daneses, holandeses, ingleses y franceses, enemigos de España. Estos cimarrones llegaban en busca de libertad. El rey de España vio una oportunidad para molestar a sus enemigos y dio permiso para que estas personas fueran libres al llegar a la Isla, siempre que adoptaran la fe católica y dieran fidelidad al rey. Al principio se les dieron tierras en Puerta de Tierra, pero al crecer la comunidad de libres, se les concedieron las tierras del Barrio de Cangrejos, donde alrededor de la iglesia de San Mateo creció el primer poblado de negros libres. Esta población desarrolló una variedad de cultivos en terrenos arenosos para su sustento y para comerciar. El principal producto fue la yuca de la cual elaboraban el pan de casabe que fue su principal fuente ingreso. Ellos también contribuyeron a la economía del país con sus impuestos y vitalidad comercial. Por ser un pueblo de hombres libres se les permitió tener un cuerpo de cazadores adscrito a las milicias urbanas de San Juan. De esa manera se insertaron en la vida militar y política de la Capital, dando seguridad a su comunidad y al país como lo demostraron en 1797 durante el ataque inglés a Puerto Rico.

A raíz del Informe del Mariscal O´Reilly, la Corona dio una serie de medidas que mejoraron la emigración a Puerto Rico, y se abrieron numerosos puertos. Ya al comenzar el siglo XIX, la población alcanzaba 150,000 cuando 35 años antes era solamente de 45,000 de acuerdo al censo tomado en ese año. Esas medidas unidas a las guerras de independencia, la Cédula de Gracias y las medidas de la Ley Power permitieron que la emigración hacia Puerto Rico aumentara constantemente. De manera que llegaron inmigrantes europeos, latinoamericanos y caribeños. Un caso particular es el de la Familia Godreau, quienes tienen su origen en la Isla de Guadalupe y que lograron los beneficios de la Cédula de Gracias, aunque negros libres alcanzaron una interesante fortuna para mediados y finales del siglo XIX. En el aspecto social, los Godreau fueron parte de una elite social de negros y mulatos libres con fortuna y profesiones y alta importancia en la sociedad puertorriqueña.

Los Godreau no fueron las únicas personas negras que lograron tierras y ventajas del gobierno. Muchos otros alcanzaron similares gracias desde 1818 cuando la Junta de Terrenos Baldíos, les otorgó tierras a numerosas familias que habían solicitado certificados. Algunas familias optaron por venderlas debido a que no contaban con herramientas para cultivos. Otras familias negras de elite surgieron por tierras heredadas de amos, o compradas con grandes esfuerzos.

Los negros y negras libres también participaron en la educación de la sociedad puertorriqueña. En el siglo XIX, la escuela primaria no era para todo el mundo puesto que en una sociedad rural no todos los hijos de las familias estudiaban. Sin embargo, encontramos que el famoso Maestro Cordero no fue el único negro dedicado a la educación de niños. En toda la Isla, hombres y mujeres negras y mulatos libres que sabían leer y escribir fueron maestros de los niños de diversos pueblos del país. Entre estas mujeres resaltamos la figura de Celestina Cordero, quien fuera maestra de primeras letras en la enseñanza de niñas en el cabildo de San Juan. Al encontrarse todavía una gran parte de la historia regional o microhistoria puertorriqueña por hacerse, los datos encontrados son significativos en la tendencia observada, de personas negras y mulatas como maestros, no tan solo de niños y niñas negras sino también de los blancos de esos pueblos.

La educación secundaria era muy limitada en Puerto Rico al igual que en otras partes del mundo de ese período. Sin embargo, en la única que existió, el Seminario Conciliar, tuvieron cabida niños negros y mulatos, aun cuando solamente se recuerda a los próceres, como Baldorioty de Castro o alguno otro. Algunos de los maestros negros y mulatos también pertenecían al grupo de periodistas y escritores del país. Escribieron obras de teatro, que no se representan hoy en día, poesías, y novelas.

En la política puertorriqueña del siglo XIX, el caso de Román Baldorioty de Castro es altamente conocido. Brillante mulato que estudio en la Universidad Central de Madrid y en la más importante escuela de ingeniería de Francia, fue maestro, historiador, periodista, abolicionista, político de altura, fundador del Partido Autonomista, diputado a Cortes, patriota y perseguido por las autoridades españolas al considerarlo liberal. El otro caso, Ramón Emeterio Betances, es de carácter internacional pues su lucha por la libertad política de Puerto Rico le llevó a compartir ideales con los hermanos de Cuba y Santo Domingo. Fue un brillante médico que obtuvo grandes reconocimientos por su labor intelectual médica como por sus hazañas salvando vidas ante peligrosas epidemias. Sotero Figueroa fue otro mulato destacado en el periodismo, la tipografía, la artesanía, la literatura y la política antillana. Fue miembro fundador del Partido Autonomista de Baldorioty y luego, desde el exilio en Nueva York, participó en numerosas actividades de los grupos independentistas, además de ser gran amigo de José Martí y de muchos otros combatientes.

La sociedad puertorriqueña tuvo la suerte de tener grandes músicos y compositores negros y mulatos libres que han añadido ritmos y sonidos únicos a la identidad musical del país. La familia Ramos y sus descendientes, los pianistas Casanova Duperoy y el gran compositor de música sacra Felipe Gutiérrez son algunos de los muchos que crearon música, tocaron música y fueron maestros musicales del país. Los ritmos boricuas se asocian con la negritud: la bomba, la plena, la danza con su elegante paseo. Los grandes compositores de danzas incluyen al más grande: Juan Morell Campos. Este mulato nació en Ponce en 1857 y murió en 1896. Un genio de la composición con más de mil piezas de danzas y otros géneros musicales. Director de orquesta e hizo bailar a miles de puertorriqueños con su orquesta. Es imposible no mencionarlo en este trabajo.

Esta investigación refleja la presencia poderosa de los negros y negras, mulatos y mulatas libres en el área de trabajo, como agregados, como jornaleros, como trabajadores libres y sobre todo como artesanos. Muchos heredaron los conocimientos de sus antepasados. Ellos se constituyeron en gremios, que no creo han sido estudiados, que incluían los oficios de albañiles herreros, carpinteros, sastres, costureras, panaderos y tipógrafos. Además de ser artistas del pincel, de la madera, de la piedra. Todos y cada uno de ellos daban servicio y reflejaban lo que las clases sociales del país deseaban comprar o adquirir. Ellos fueron un puntal importante de la economía interna del país.

Los negros y mulatos libres sirvieron en la defensa de la Isla, y en la marina de cabotaje. Los casos deben examinarse con cuidado. Un caso excepcional es el de Víctor Rojas de Arecibo y sus hazañas salvando vidas.

Esta investigación es el comienzo de lo que debe ser un esfuerzo de muchos para descubrir la historia cotidiana del país en el siglo XIX y las relaciones sociales que fueron forjando la identidad puertorriqueña. La visión general que intento presentar es tan sólo una acumulación de datos que de continuarse examinando proveerán grandes e interesantes problemas sobre quienes somos en esta isla y cuál ha sido la verdadera formación nacional puertorriqueña. Este trabajo es una investigación en proceso. Es necesario que se continúe investigando sobre los grandes aportes de la población negra libre de la primera mitad del siglo XIX.

BIBLIOGRAFÍA

Fuentes primarias

AGPR. Fondo Protocolos Notariales

Compra de Libertad,

Ponce. Escribano José de León

Caja 34, folio 118, (19-6-1800).

Caja 1967, (16-5-1860)

Caja 1974, (8-7-1870)

Caja 1974, (1-3-1871)

Caja 1974, (1-9-1871)

Caja 1965, (25-5-1855).

San Juan. Escribano José Hinoja

Caja 437, (27-1-1845)

Caja 437 (2-6-1845)

Caja 437, (1-9-1845)

San Juan. Escribano Miguel Camuña

Caja34, (9-4-1866).

AGPR. Fondo Protocolos Notariales,

Libertad Testamentaria

San Juan. Escribano Juan B. Núñez,

Caja 631, (26-6-1826)

Caja 632, (1-10-1829)

San Juan Escribano José Hinoja

Caja 437, (3-7-1845)

Caja 437, (20-7-1846)

Caja 34, (22-10-1864)

Ponce. Escribano Rafael de León

Caja 168, (25-5-1855)

Caja 1967, (2-4-1859)

AGPR. Fondo Protocolos Notariales

Ponce

Caja 2692-1836-1857

Escribano José de León. Serie 1169-(1836), Serie 470, (1840), Serie 470, (1840), Serie948, (1840), Serie 384, (1845), Serie 88, (1846), Serie 103, (1846)

AGPR. Fondo de Protocolos Notariales

Carta de Libertad, (Manumisión)

San Juan. Escribano Juan B. Núñez

Caja 631, (3-3-1826)

Caja 634, (27-10-1843)

Caja 437, (22-1-1845)

Caja 437, (21-1-1845)

Caja 439, (16-5-1847),

San Juan Escribano Manuel Camuñas

Caja 34, (16-3-1866)

Caja 34, (16-4-1866)

Ponce. Escribano Rafael de León

Caja 1967, (25-5-1859)

Caja 1967, (3-9-1859)

Caja 1974, (2-8-1870)

Caja 1974, (9-6-1871)

Caja 1974, (9-5-1871)

AGPR. Fondo Protocolos Notariales

Libertad Coartada

San Juan. Escribano José Hinoja

Caja 437, (3-7-1845)

Ponce. Escribano Rafael de León

Caja 1967, (23-9-1859)

Ponce Escribano Juan B. Rodríguez

Caja1967, (2-10-1859)

Ponce Escribano Rafael de León

Caja 1974, (23-7-1870).

AGPR. Capitanía General

San Juan, Caja 561, (30-12- 1818), Caja 115, (1860-1867),

Luquillo, Caja 492, (1820-1870)

Trujillo Alto, Caja 592, (1840-1890)

Cangrejos, Caja 429 (Enero1861)

Rio Grande, Caja 542, (1839-1896)

Guayama, Caja 592, (1871)

Carolina, Caja 115, (1860-1867)

AGPR. Fondo Documentos Municipales

Río Piedras, Caja 14, (1860)

Fajardo, Caja 265 (1863-1865), Caja 262 (1844), Caja 252 (1828), Caja 260 (1860), Carpeta 5, (1868)

Guayama Caja 1, (1836), Caja 2, (1836)

AGPR. Repartimientos

Río Piedras: Actas 1820, (1820,1836, 1838,1840), Caja 1 (1827-1870), Caja1867 (1853-1858).

AGPR. Fondo Municipal

Fajardo Caja 260, Loíza: Carpeta 5, (Dic. 1868).

AGPR. Fondo de Gobernadores

Registro de Esclavos Caja 343, (1867-1876).

AGPR. Capitanía General

Río Piedras: Esclavos y Libertos, Caja 65 Carpeta No. 5, (1864-1873).

AGPR. Capitanía General

Loíza: Milicias de Morenos Libres Caja 490.

Registros Parroquiales

Iglesia Jesucristo de los Últimos Días

Defunciones. Fajardo film 13896200, (1849-1879).

Morena libre (17-12-1855),

Parda libre, (9-12-1855),

Parda libre, (23-10-1855),

Parda libre, (23-10-1855),

Isabel Barrosa, (26-11-1855),

Documentos Impresos

El Proceso Abolicionista en Puerto Rico, Documentos para su estudio, Vol. I, Río Piedras: Centro Investigaciones Históricas, Facultad de Humanidades, Universidad de Puerto Rico, 1974.

Cayetano Coll y Toste, Boletín Histórico de Puerto Rico, San Juan: Editorial Cantero Fernández y Cía. 1914-1927. 14 Vols.

Dorsey, Joseph C., Puerto Rico and the African Slave Trade in the Nineteenth Century, Indiana: Universidad de Purdue, 2005.

Academia Puertorriqueña de la Historia, Departamento de Guerra, Informe sobre el Censo de Puerto Rico, San Juan: Ediciones Puerto, 1899.

Encarnación Navarro, Carlos: Genealogías y Crónicas del siglo XIX, Segundo Tomo, San Juan: Impresora Oriental Inc. 2005.

Córdova, Pedro Tomás. Geografía, Historia Económica y Estadística de la Isla de Puerto Rico, 7 vols. ICP, San Juan: Editorial Coquí, 1968.

Entrevistas

Doña Antonia Borrero, descendiente de los dueños de las tierras de "La barriga del gigante Dormido Adjuntas"

Gisela González Borrero

Grace Caraballo González

José Godreau, Iglesia Jesucristo de los últimos Días, Trujillo Alto (23-5-2009) (Descendiente del

Inmigrante de Guadalupe del 1815, Michel Godreau)

Luís Santos. Sociedad genealógica de Puerto Rico, (Dic.-5-2010), barrió Rincón, Gurabo.

Georgina Jiménez. Descendiente de esclavos libertos de la hacienda Santa Bárbara de la familia

Jiménez de Gurabo. (5-2-2011).

Toño López Falú, calle 33. Parcelas Falú, Río Piedras. Descendiente de la familia Falú que estaba compuesta por negros libres.

Periódicos

Diario de Avisos, 1863, Hemeroteca, AGPR.

El Nuevo Día, 12 diciembre 2005.

Primera Hora. 14 noviembre 2001.

El Nuevo Día. 24 marzo 2009.

La Gaceta 1 noviembre 1870.

Primera Hora, 1 de febrero de 2010

Primera Hora. 10 de diciembre 2013.

El Nuevo Día.10 de marzo de 2011

Fuentes Secundarias

Andújar, Carlos, La Presencia Negra en Santo Domingo, enfoque etnohistórico, Santo Domingo:Editorial Litográfico, 2006.

Anderson, Perry. El Estado Absolutista, México, D. F.: Editores Siglo XX. 1998.

Angori Franco, Luís. La División y Legitimidad del Poder Político, "El Espíritu de las Leyes," Montesquieu Charles Louis. El Espíritu de Las Leyes, XI, Capítulo III. México: Editorial Porrúa S.A, 2001.

Alegría, Ricardo E. Juan Garrido, El Conquistador Negro de las Antillas, Florida, México y California, San Juan: Centro de Estudios Avanzados de PR y el Caribe (CEA), 1990.

Alegría Ricardo S. Las Fiestas de Santiago Apóstol, de Loíza. San Juan: Colecciones de estudios puertorriqueños, 1954.

Abbad y Lasierra, Iñigo. Historia, Geografía Civil y Natural de la Isla de San Juan: Bautista de Puerto Rico, anotada, por José Julián de Costa y Calvo, Madrid, Ediciones Doce Calle, 1866.

Álvarez Nazario, Manuel, El Elemento Afro negroide en el Español de Puerto Rico, Barcelona: Editorial M. Pareja, 1974.

Aponte Torres, Gilberto. San Mateo de Cangrejo, (Comunidad Cimarrona de Puerto Rico) San Juan: Datos para su Historia, 1985.

Aristóteles. La Política, Libro I Capítulo II México: Editorial Porrúa.2007.

Babín, María Teresa. Biblioteca Popular Cultas. San Juan: Instituto de Cultura Puertorriqueña, 1973.

Badillo Jalil, Sued, López Cantos, Ángel. Puerto Rico Negro, San Juan: Editorial Cultural Inc. 2003.

Baralt, Guillermo A. Collazo, Carlos, González Lydia Milagros, Vega Ana Lydia. El Machete de Ogun, San Juan: CEREP, 1989.

Baralt, Guillermo A. Esclavos Rebeldes Conspiraciones y Sublevaciones de Esclavos en Puerto Rico, 1795-1873, Río Piedras: Ediciones Huracán Inc.1996.

Baralt, Guillermo A. Hacienda la Buena Vista 1833- 1904, Estancias de frutos menores fábrica de harina cafetalera, San Juan: Fideicomiso de Conservación de P.R, 1998.

Barcia Zequeira, María del Carmen. Los Batallones de Pardos y Morenos libres en Cuba (1600-1868) La Habana: Editorial Arte y Literatura, 1976.

Barcia, Zequeira, María del Carmen, García, Gloria, Torres, Eduardo, Instituto de Historia de Cuba, La Habana: Editorial Política, 1994.

Bastide, Roger. Las Américas Negras, Madrid: Editorial Alianza, 1967.

Bolívar Aróstegi, Natalia. Los Orishas en Cuba, La Habana. Cuba: Ediciones Pre, 1994.

Bethell, Leslie. Historia de América Latina Cambridge, Barcelona: Editorial Crítica, SA, 1990.

Root Jr., Leslie B. "The African Experience in Spanish American". 1502 tothePresent, Cambridge: Cambridge UniversityPress, 1976.

Brau, Salvador. La Localización de Puerto Rico, San Juan: Instituto de Cultura Puertorriqueña, 1981.

Brau Salvador. Rafael Cordero, Elogio Póstumo. San Juan: Ateneo Puertorriqueño 1891.

Bertaux, Pierre. Desde la Prehistoria hasta los Estados Actuales, México: Ediciones, S.A Siglo XXI, 2006.

Blanco Tomás. Prejuicio Racial en Puerto Rico, San Juan: Biblioteca, Autores Puertorriqueños, 1948.

Brión, Davis D. "The Problem of Slavery in Western Culture". Ithaca: CornellUniversityPress, 1966.

Campos Lacasa, Cristina. Historia de la Iglesia en Puerto Rico (1511-1802). San Juan: Instituto de Cultura Puertorriqueña, 1977.

Cabrera Salcedo, Lizette. De los bueyes al vapor caminos de la tecnología de azúcar en Puerto Rico, San Juan: Editorial de la Universidad de Puerto Rico, 2010.

Cancel, Mario R. Segundo Ruíz Belvis, Prócer y ser Humano, Hormigueros: Editorial, Universidad de Las Américas, CEA, 1994.

Caro Costas, Aida. Antología de Lecturas de Historia de Puerto Rico, Siglos XV-XVIII, San Juan: Editorial Universidad de Puerto Rico, 1980.

Cassá, Roberto. Historia Social y Económica de República Dominicana, (Tomo I). Santo Domingo: Editorial Alfa & Omega, 2003.

Cifre de Loubriel, Estela. La inmigración a Puerto Rico durante el siglo XIX, San Juan: Instituto de Cultura Puertorriqueña, 1964.

Coll y Toste, Cayetano. Historia de la Instrucción en Puerto Rico hasta 1898 España: Editorial Vasco Americana, S.A Balboa. 1910.

Coll y Toste, Cayetano, Boletín Histórico de Puerto Rico VII, San Juan: Editorial LEA. Ateneo Puertorriqueño. 1914.

Corté López, José Luís. Los Orígenes de la Esclavitud Negra en España, Madrid: Universidad de Salamanca 1986.

Cruz Monclova, Lidio. Historia de Puerto Rico (Siglo XIX), Tomo I. Primera Parte (1868-1874), Río Piedras: Editorial Universitaria, 1979.

Curtin, P: "The Atlantic Slavery Trade", Madison: University of Wisconsin Press, 1971

Costa Silva, Alberto. África e a Escrivadao de 1500-1700, Rio de Janeiro: Biblioteca Nacional Novo Frontera, 2002.

Dávila Cox, Emma. Este Inmenso Comercio: las Relaciones Mercantiles ente Puerto Rico y Gran Bretaña, 1844-1898, San Juan: Editorial Universidad de Puerto Rico, 1996.

De Hostos, Adolfo. Tesauro Datos Históricos de Puerto Rico. San Juan: Editorial Universidad de Puerto Rico, 1992, (Tomo I).

Delano, Jack & Irene. Maestro Cordero, Río Piedras: Universidad de Puerto Rico, 1994.

Dougnac Rodríguez, Antonio. Manual de Historia del Derecho Indiano, (2nda Edición), México: Universidad Autónoma, 1998.

Duchet, Michelle. Antropología e Historia en el Siglo de las Luces, México: Editores Siglo XX SA, 1988.

Díaz Soler, Luís. Historia de la Esclavitud Negra en Puerto Rico, San Juan: Editorial Universidad de Puerto Rico, 2000.

Díaz Soler, Luís. Puerto Rico desde sus Orígenes hasta la Dominación Española, San Juan: Editorial Universidad de Puerto Rico, 1995.

Donald, Pearson. "Negroes in Brasil" Illinois: University of Chicago Press, 1942.

Diltay,Tom D. Monte Verde a Late PleisteceneSetlement I Chile (2vols), Washington, DC. Smithsorian Institution Press, 1997.

Davidson ,DS. "The question of Relationship Between the Cultures of Australia and Tierra del Fuego."American Anthropological (new series) 39.April-June 1937

Elsaburu Vizcarrondo, Manuel. La Institución de la Enseñanza Superior en Puerto Rico, San Juan: Imprenta J. González Font, 1988.

EchegovenAllelta, Javier. Historia de la filosofía. Volumen 3. Filosofía Contemporánea. Online portal de filosofía, www.torredebabel.com

Fabié, Antonio María. Los Comienzos de la Esclavitud en América de KonradoHabler, Boletín de la Real Academia de la Historia. Madrid: 1896. Reproducción Digital Biblioteca Cervantes.

Fagothey, Austin. Ética Teoría y Aplicación, México, D. F.: Nueva Editorial Interamericana, S.A, 1972.

Fromm Erich. Miedo a la Libertad. Buenos Aires: Editorial Paidós 1985.

Frandique, Lizardo. Cultura Africana en Santo Domingo: Santo Domingo: Sociedad Industrial Dominicana, 1978.

Franco Silva, Alfonso. La Esclavitud en Castilla durante la Baja Edad Media 1470-1525, Sevilla: Departamento de Historia Universidad de Sevilla, 1979.

Fanon, Frantz. Los Condenados de la Tierra, México, D. F.: Colección Popular, 2007.

Figueroa, Luís A. "Sugar Slavery and Freedom Nineteenth Century", San Juan: The University of North Carolina Press, 2005.

Flores Galindo, Alberto. Buscando un Inca: Identidad y Utopía en los Andes, La Habana: Casa Las Américas, 1986.

Fage, J. D.A. History of West Africa Luden, Mass.: Cambridge University Press, 1969.

Fernández Méndez, Eugenio. Historia Ilustrada, México: D. F.: Editorial Grolier, 1996.

Fernández Méndez, Eugenio. Crónicas de las Poblaciones Negras en el Caribe Francés, Madrid: Biblioteca el Centro, 2004.

Fernández de Navarrete, Martín. Colección de los Viajes de Descubrimiento, Madrid, Editorial Martín, 1858.

Flinter, Jorge. Examen del Estado Actual de los Esclavos en la Isla de Puerto Rico, San Juan: Instituto de Cultura Puertorriqueña, 1976.

Flores Román, Milagros, Lugo Amador, Luis A., Cruz Arrigoitía, José. San Juan Ciudad de Castillos y Soldados, San Juan: Nacional Park Service. U.S. Department of Interior, 2009.

García Gervasio, Luís. Armar la Historia, San Juan: Ediciones Huracán Inc. 1989.

GDelibian,Carbón 14 dates point to man in American. 32.000 years ago." Nature,(1985) vol. I

Grau, Elisa. Presencia y Esencia Cultural, Gurabo: SE. 2004.

González, José Luís, El País de los Cuatro Pisos y otros ensayos, Río Piedras: Ediciones Huracán, 1999.

González, Lydia Milagros. La Tercera Raíz, Presencia Africana en Puerto Rico, San Juan: CEREP, 1992.

González Lydia, Milagros, Quintero Rivera Ángel. La Otra Cara de la Historia. Vol. I, 1800-1925, San Juan: CEREP 1970.

Gutiérrez del Arroyo, Isabel. La Política de La Ilustración, San Juan: CIH y Editorial de la Universidad de Puerto Rico, 1995.

Heers, Jacques. Esclavos y Domésticos de la Edad Media en el Mundo Mediterráneo, Valencia: Instituto Alfonso el Magnánimo, Capítulo I. 1989.

Herskovits, Melvin Jean. The Myth of Negro Past. New York/ London: Harper Books. 1941.

Hugh, Thomas. La Trata de Esclavos, Historia del Tráfico de Seres Humanos 1440-1870, Barcelona: Editorial Planeta, 1998.

Klein, Herbert. La Esclavitud Africana en América Latina y el Caribe. Madrid: Editorial Alianza, 1986.

Knight, Franklin W, Cohen, Margaret. Africa and the Caribbean, Baltimore: The John Hopkins University Press, 1980.

Isaiah, Berlin. Political Ideas in Romantic Ages, the Rise and Influence of Modern Thought Londres: Princeton University Press, 2006.

James, CLR Los Jacobinos Negros, Toussaint L Ouvertoure y la Revolución de Haití, Madrid: Fondo de Cultura Económica, 2003.

Jochamman Mata, Yosef, Ben, Hombre Negro del Nilo y su Familia, New York: Falú FoundationPress, 2004.

Kiple, Kenneth F. Blacks in Colonial Cuba, 1774-1899, Gainesville: University of Florida, Press, 1976.

Liscano, Juan. Apuntes para la investigación del negro en Venezuela, sus instrumentos de música, 4 Vols. Caracas: Tipografía Garrido, 1946.

Lodini, Ellis. Los Libros Parroquiales. Estado Civil en América Latina, sc .se Archivun no. VIII, 1958.

López, Adolfo R. Herencia africana en Puerto Rico. Breve recuento, San Juan: Editorial Cordillera, 2005

López Cantos, Ángel. Miguel Enríquez. Sevilla: Escuela de Estudios Hispanoamericanos, 1990.

López Cantos, Ángel. Puerto Rico Negro. San Juan: Editorial Cultural Inc. 2003.

López Valdés, Rafael. Pardos y morenos esclavos y libres en Cuba y sus instituciones en el Caribe Hispano, San Juan: CEA, 2007.

López Yustó, Alfonso. Historia Documental de la Educación en Puerto Rico, San Juan: Publicaciones Puertorriqueñas, Inc. 1992.

Lucerna Salmoral, Manuel. Los Códigos Negros de la América Española, Madrid: Ediciones Unesco, Universidad de Alcalá, Colección Africana, 1996.

Lugo Alcaide, Elisa. La Educación en Nueva España en el siglo XVIII, Sevilla: Publicaciones de la Escuela de Estudios Hispanoamericanos, 1970.

Lugo Toro, Kenneth. Puerto Rico, el pueblo de los pueblos. Ensayo de testimonios: última época española, San Juan: Oficina Estatal de Preservación Histórica, 1986.

Mannix, DP y Cowly M. Historia de la Trata de Negros, Madrid: Editorial Alianza, 1970.

Marín, Manuel. Historia de las Civilizaciones, Barcelona: Editorial Marín S.A, 1981.

Martínez Irizarry, Dennis. Derecho Hipotecario de Puerto Rico, Río Piedras: Editorial Universitaria 1968.

Mendes Correa, Antonio. "Nonvillehypotheses sor le peuplementprimitif de l' arireque de sur" Trabajo presentado en el Duodécimo Segundo Congreso de Americanistas celebrado en Roma en 1926, Vol. I, 116.

Millessoux, Claude. Antropología de la Esclavitud, México, D. F.: Editores Siglo XXI, S.A, 1990.

Moreno Fraginals, Manuel. África en América Latina, España: Editores Siglo XXI SA, 1977.

Octavio Ianni, Organización Social y Alineación, Madrid: Editorial Siglo XXI, 1996.

Moreno Fraginals, Manuel. El Ingenio, Barcelona: Editorial Crítica, S.L, 2001.

Vida y obra del apóstol de la educación, Río Piedras: Círculo Maestro Rafael Cordero, 2005.

Morales Carrión, Arturo. Auge y decadencia de la trata negrera en Puerto Rico, 1820-1860, San Juan: CEA, 2004.

Morales Padrón, Francisco. "Colonos Canarios y Indios." Anuario de Estudios Americanos, tomo VIII, (Sevilla), 1951 y "El Comercio Canario Americano, Siglos XVI, XVII y XVIII, Sevilla: Estudios de Historia Americana, 1955, Consejo de Indias a Consulado de Savilla, Madrid, Archivo General de Indias Santo Domingo.

Negrón Portillo, Mariano y Mayo Santana, Raúl. La Esclavitud Urbana en San Juan. San Juan: Ediciones Huracán Inc. 1992.

Negrón Portillo, Mariano y Mayo Santana, Raúl. La Esclavitud Menor. Río Piedras: Centro de Investigaciones Sociales, Universidad de Puerto Rico, 2007.

NistalMoret, Benjamín. Esclavos Prófugos y Cimarrones, Puerto Rico, 1770-1870, San Juan: Editorial de la Universidad de Puerto Rico, 2000.

Nieves de los Ángeles y Vázquez Lanzó. Meretrices Siglo XIX, 1876-1917, San Juan: Publicaciones Puertorriqueñas, 2008.

Neumann Gandía, Eduardo. Verdadera y autentica historia de la ciudad de Ponce, San Juan: Instituto de Cultura Puertorriqueña. 1987.

Nuevo Testamento. Salmos 18.2 40.17 119.45 Lucas 4.18 Segunda Carta de Corintios.

Ortíz García, Ángel, Afro-Puertorriqueño, Río Piedras: Editorial Edil Inc., 2006.

Pedreira, Antonio S. Un Hombre de Pueblo José Celso Barbosa, San Juan: Biografía, 1982

Picó, Fernando. Historia General de Puerto Rico, San Juan: Ediciones Huracán Inc. 1986.

Picó, Fernando. Libertad y Servidumbre en Puerto Rico del Siglo XIX, San Juan: Ediciones Huracán Inc. 1979.

Picó, Fernando. Cayeyanos. Familias y sociedades de la historia de Cayey. San Juan: Ediciones Huracán Inc. 2007

Pierre Ledrú, Andrés. Viaje a la Isla de Puerto Rico, San Juan: Ediciones del Instituto de Cultura Puertorriqueña, 1957.

Pirenne, Jacques. Historia Universal, México, D. F.: Editorial Cumbre S.A, 1976.

Piñero de Rivera, Flor. Arturo Schomburg, Un puertorriqueño descubre su legado histórico del Negro, San Juan: CEA, 2004.

Quintero Rivera, Ángel y Álvarez Luís Manuel. El tambor en el cuatro. La melodización de ritmos y etnicidad cimarroneada en la historia de Puerto Rico, San Juan: Programa de Estudios Sociales Departamento de Educación, SE, 2005.

Ramos Rosados, Marie. La mujer negra en la literatura puertorriqueña, San Juan: Editorial Universidad de Puerto Rico, 1999.

Ramos Perea, Roberto. Literatura puertorriqueña negra del siglo XIX, escrita por negros, San Juan: Editorial LEA/Ateneo Puertorriqueño, 2009.

Rosa Nieves, Cesáreo, Esther M, Melón. Colecciones Puertorriqueñas, México, D. F.: Caribe Grolier Inc. 1986.

Rodríguez González, Félix. "Lenguaje de ladiscriminación racial en tiempo a la negritud"Letras de Derutuso (Bilbao,1996) vol.26 no.70: 223-230:http:// www. Ucm.es/inf/es/espéculo/numero 24/ racismo.htm/.

Rodríguez León, Mario A. Los registros parroquiales y la microhistoria demográfica en Puerto Rico, San Juan: CEA, 1990.

Suárez Díaz, Ada. Cronología de la vida del Dr. José Francisco Basora (1832-1882), San Juan: Editorial Caribe, 1981.

Suárez Díaz, Ada. El Antillano. Biografía de Ramón Emeterio Betances, (1827-1898), San Juan: CEA, 2004.

Scarano, Francisco. Puerto Rico. Cinco siglos de historia, México, D. F.: McGraw Hill Editores, 2000.

Tapia y Rivera, Alejandro. Vida del pintor Puertorriqueño José Campeche, San Juan: Establecimiento Tipográfico de D. I. Guasp, 1855.

Torres Rodríguez, Bibiano. La isla de Puerto Rico (1765-1800). San Juan: Instituto de Cultura Puertorriqueña, 1968.

Tannenbaum, Frank. "Slave and Citizen: the Negro in the Americas", Boston: Alfred A. Knopf, 1946.

Ubeda Delgado, Manuel, Estudio Histórico Geográfico y Estadístico de la Isla de Puerto Rico 1878. Río Piedras: Editorial Universitaria, 1980.

Vázquez Bernard, Ligia. Salinas de Sal y de Azúcar su historia, 1508-1950, San Juan: CEA, Edición 2000.

Vázquez Sotillo, Nelly. Historia al Margen de la Historia, Mayagüez: SE, 2010.

Vega Lugo, Ramonita. "Epidemia y Sociedad efectos del Cólera Morbo en Puerto Rico y Costa Rica del Siglo XIX." Diálogos (número especial) Revista Electrónica de Historia, Universidad de Costa Rica, 2008.

http://historia.fcr.ucr.Crr/artículos/2008/especial2008/artículos/02-ciencia/10.pdf.

Cancel, MarioR. Segundo Ruíz Belvis, San Juan: Editorial Universidad de América/ Centro de Estudios Avanzados, 1994.

Verlinden, Charles. L' Esclavagedansl'EuropeMedievaleBruges: De Tempel, 1955.

Wlamyra R. de Alburqueque y Figa Filho, Walter. Una historia de negro en Brasil. Brasilia: Centro de Estudios Afro-orientais/ Fundacao Cultural Palmares, 2006.

Zenón Isabelo. Narciso Descubre su Trasero, (Vol. I) Humacao: Edición Funde, 1974.

Antología, Tras las huellas del hombre y mujer negra en la historia de Puerto Rico, Programa de Estudios Sociales, San Juan: Departamento de Educación, 2005.

Tesis

Adorno Tapia, Miguel. Tesis de Maestría. "La Participación Educativa del Negro Libre y Esclavos durante los siglos XVIII y XIX en Puerto Rico." Tesis de Maestría. Departamento de Historia, Universidad de Puerto Rico Río Piedras, 1991.

Cáez, Carmen Lourdes, Tesis de maestría. "La Participación Socioeconómica de los Pardos en San Juan, 1800-1850." Río Piedras: Universidad de Puerto Rico 1993. .

ReneéDengy, Katheryn: Tesis Doctoral. "A Fusion of the Races" Free People of Color and the growth of Porto Rico Society 1795-1848 Duke University, 2000.

Font Sánchez, William. Tesis de maestría. "Los Libres de Color, el Primer Piso destapado."Río Piedras:Universidad de Puerto Rico, 1997.

Revistas

Alegría, Ricardo E: "Nombres Personales de Esclavos Africanos," Revista Caribe No. 2-3, (San Juan) 1980.

Álvarez Nazario, Manuel, "Procedencia africanos bozales traídos a Puerto Rico," Revista La Torre, año VIII, (Río Piedras) julio-septiembre 1960.

Barcia Zequeira, María del Carmen. "El Negro en la Historiografía de Cuba del siglo XX" Revista Análisis del Caribe, no. 44, (Santiago de Cuba) 2004.

Díaz Soler. Luis. "Develación del Monumento a Román Baldorioty de Castro." Revista del Instituto de Cultura, (San Juan) 28 de febrero de 1991.

Revista Digital El Faro. http://www. Elfaro. Net/es/201107/ elagora/4760. Acezado el 7/14/2011.pág.1

Pérez Vega, Ivette. "Juana María Escabale (liberta)" Revista Homines, Vol. 23-25 (Río Piedras: UIA,) 2003-2004.

Internet

Antropología Social, Cultural y Biológica, http://www.alipso.com

Barcia Zequeira, María del Carmen. Rescata Historia a Mujeres de Cuba de los siglos XVIII-XIX, http://www.cimacnoticias.com

Cancel, Carlos. La herencia africana en Centro América, http://google.com.

Díaz López, Laurentino. El derecho en América en el período hispánico, Derecho Indiano

http:panorama historia tripoid.com

Exploraciones europeas. http://www.portalplanetasedna.comor/evolución.htm.

Esclavos traídos América. http:// kusha.com/áfrica naturaindex.htm.

Guía del Mundo recuadros/culturas africanas/www.eurosur.org

Godoy, Gustavo J. "Las Razas y los Negros"de Fernando Ortíz, Journal of InteramericanStudies, Vol. 8 no. 2 (apr1996), University of Miami.

Gibbon, Ann." European Shin Turned Pale Only Recently,"Science Mag. vol. 316, no. 5823, http://www.Science.org/

Girón José H. Tesoros de la historia de Ponce, "El cólera, (15-3-2004),http://www.root web.com/pr

Gigante Dormido. http://adjuntastripad.com/org.

Kinsbrunner. Not of Pure Blood. The Free People of Color and Racial Prejudice in Nineteenth Century Porto Rico, University of Duke Press, 1996.

Hortink, Harry. The Etnicity in the Caribbean, Essay in honor, Harry Hortink, Race and Class in the Caribbean, .

LawerSukan, Alain. Acercamiento al concepto "Negritud en América Latina Afro-colombina,"Universidad de Texas: www. crown.com/vol.30,

Smedly, Andrew. Blackwell Publishin and American Anthropological Association, New Services "Race and the Construction of Human Identity." New Service Vol. 100 no. 3 (Sep. 1998)

Sipress, Joel M. Teaching Races as a Cultural Construction. Vol. 30 no. 2 (feb1999), http://www. Las Siete Partidas de Alfonso X el Sabio, "Libro para Consultar," http://libroword press.com 2000.

Libertad Humana, Sartre Jean Paul http:// www.com

Lester, Nurse. "Ponencia, breve historia de Cangrejo 1773-1864". San Juan: Fundación Puertorriqueña. www.enciclopedia.org/PR

Origen de la Propiedad, http://www.sedna.com.

La Autora

La Dra. María D. González García, es natural del barrio Cacao en el pueblo de Carolina, tierra de "Gigantes".

Sus estudios los realizó en la Universidad Interamericana de San Juan donde obtuvo un bachillerato *Cum Laude* en Sociología y una maestría en Criminología en la Facultad de Leyes.

Obtuvo también un grado en Pedagogía con concentración de Historia en la Universidad de Puerto Rico en Río Piedras. Se desempeñó como profesora de Historia a nivel superior en el Departamento de Educación.

Posee un doctorado en Filosofía y Letras con cencentración en Historia de Puerto Rico y el Caribe del Centro de Estudios Avanzados de Puerto Rico y el Caribe en San Juan. Sus trabajos de investigación han sido en torno a la población negra y sus grandes aportes a la sociedad puertorriqueña desde la primera mitad del siglo XIX, hasta la abolición del régimen esclavista en Puerto Rico.

Es miembro de la *Asociación de Historiadores del Caribe*.

MGG EDITORIAL

El Negro y la Negra Libres

Puerto Rico 1800-1873

Su Presencia y Contribución a la Identidad Puertorriqueña

Esta edición está disponible en formato electrónico / eBook y en formato impreso / Papel. Para comunicarse con la autora, puede escribir a:

mgg.editorial@gmail.com

CPSIA information can be obtained
at www.ICGtesting.com
Printed in the USA
LVHW020555180723
752673LV00033B/562

9 781514 377116